民宿创办指南

从0到1开民宿

严风林　赵立臣　著

华中科技大学出版社
http://www.hustp.com

中国·武汉

图书在版编目（CIP）数据

民宿创办指南：从0到1开民宿/严风林，赵立臣著．－－武汉：华中科技大学出版社，2020.1（2024.4重印）

ISBN 978-7-5680-5771-4

Ⅰ．①民… Ⅱ．①严… ②赵… Ⅲ．①旅馆－经营管理－中国－指南 Ⅳ．① F726.92-62

中国版本图书馆CIP数据核字（2019）第209418号

民宿创办指南：从0到1开民宿	严风林 赵立臣 著

MINSU CHUANGBAN ZHINAN: CONG 0 DAO 1 KAIMINSU

策划编辑：彭霞霞
责任编辑：彭霞霞
版式设计：金　金
责任校对：周怡露
责任监印：朱　玢
封面设计：杨小勤

出版发行：华中科技大学出版社（中国·武汉）	电话：（027）81321913
武汉市东湖新技术开发区华工科技园	邮编：430223

印　刷：湖北金港彩印有限公司
开　本：710mm*1000mm　1/16
印　张：15.5
字　数：320千字
版　次：2024年4月第1版第4次印刷
定　价：88.00

本书若有印装质量问题，请向出版社营销中心调换
全国免费服务热线 400-6679-118 竭诚为您服务
版权所有 侵权必究

"阅宿"丛书编写委员会

丛书主编： 严风林（佳乡学院创始人）

丛书副主编（以字母顺序）： 陈长春（隐居乡里创始人）
严　妍（佳乡学院合伙人）

参编人员（以字母顺序）： 曹一勇（原乡里民宿创始人）
陈子墨（张家界旅游协会民宿客栈分会会长）
董艳丰（寒舍文旅集团副总裁）
付　鹏（湖南省旅游饭店协会民宿客栈分会会长）
龚成骏（中国室内装饰协会陈设艺术中心常务副主任）
黄　瀚（北京方合酒店咨询有限公司副总裁）
黄　田（上海晓行文旅联合创始人）
刘　小（中国室内装饰协会陈设艺术中心副主任）
金　虹（深圳取舍行旅联合创始人）
蹇　莉（民宿自媒体《借束光》创始人）
江　曼（又见炊烟新田园度假地创始人）
孔祥羽（佳乡学院主编）
刘　艺（五号山谷联合创始人）
潘思旋（中国农民大学副校长）
孙　昂（易山易水主理人）
石　磊（白鸟乡村度假创始人）
文　闻（湖南省旅游饭店协会民宿客栈分会秘书长）
谢　雪（资深民宿渠道运营者）
俞军君（民宿自媒体《民宿圈》《宅村》主编）
周海斌（多彩投合伙人）
张海超（大隐于世创始人）
赵立臣（自媒体《结庐居》主编）

序 1

我本人并不属于民宿圈,我们的团队也只做过少数的民宿设计。不过这些年为了尽可能多地了解乡村实践领域的各个行业,我实地考察过不少民宿案例,也认识了不少民宿圈里的朋友。这些案例和朋友确实让我学习到很多有用而且有益的知识。

"借宿"创始人夏雨清老师说过一句话:"民宿是乡建最好的入口。"我觉得这话说得很有道理,哪怕它有点绝对化。绝对化的表达可能是不够准确的,但是有力度,从而有更大的概率成为广泛传播的观点。相比之下,四平八稳的论证就多半引不起关注了。在水平高的设计师眼中,乡村建设最好的入口或许应该是文化和公益类的建筑,而不是商业类的。作为一个科研人员,我很认同这个思想。与此同时也不得不承认,如果没有商业作为动力,纯粹依靠文化和公益,恐怕愿意参与的人数就大大减少了。

参与人数是一个重要指标。中国政府正在大力开展乡村振兴和扶贫工程,这一伟大的事业面对的大趋势是乡村总体上的衰退。城镇化的速度虽然放缓了,但是依然在进行中,每年还是有上千万的人口从农村向城市转移。这意味着大多数农村的人口还是会继续减少,只不过速度可能会比以前慢,持续的时间也会很长。我们希望,那些文化资源比较好的乡村能够保留足够多的人口,并且找到适合它们的经济和社会发展道路。在乡村留下的人,应该以原村民为主,因为他们才是当地文化的承载者,但是也欢迎愿意下乡来一起生活的新村民。新村民有想法,有情怀,还有能力和外部资源,这些都是乡村振兴所需要的。

乡村有很多问题,归结起来其实就两条,一是需求失效,二是组织失效。需求失效是因为乡村人口在减少,越来越多的村庄变得空心化。组织失效是因为即使村庄有留下的人,也因为集体力量的缺失而变得原子化。原子化的家庭在遇到较大困难,或者想实现较大目标时,都会显得力不从心。所以要想振兴乡村,需求失效和组织失效这两个问题是一定绕不开的。如果能同时解决,那是最好。如果暂时办不到,分阶段先解决其中一个再解决另外一个,也不失为好策略。

面对需求失效和组织失效,所需要的能力也不一样。解决组织失效,需要的是社区营造和组织动员的能力。孙君老师的"还权于村两委"和李昌平老师的"内置金融",都是相当有效的方法。如何发动村干部,如何设计和运转内置金融系统,这又需要相当多的经验积累了。对习惯了专业化的城市人来说,这样的工作是需要先对自己做出调整和改变的。

改变对任何人来说都不是件容易的事。相比之下，应对需求失效的问题就显得好操作一些，门槛也要低一些，方法也可以更为多元。在村里开一家民宿，就是这些方法之一。尽管一家民宿起到的作用有限，在多数情况下并不能完全将乡村激活，但总归是开了一个头，也就是有了一个"乡建的入口"。要改变整个村庄的面貌，通常不是一个人的力量所能达成的，但是把一户家庭修整得像模像样，就完全在个体的能力范围之内了。要想完全融入当地的村民社会，也是很有挑战的，但是关起门来把日子过好，甚至创造出一种全新的生活方式，就是个体所能把握的事了。

建设和运营一家民宿，成本是不低的。如果是城市居民下乡去经营的民宿，成本就更高。这样的民宿跟常规意义的农家乐比起来，成本不是高了几倍，而是几十上百倍。在收益上，是不是也能达到普通农家乐的几十上百倍呢？有一些是能做到的，这些民宿确实值得我们好好学习和研究。但是对大多数而言，恐怕有难度。所以满怀理想的民宿主人也许要小心了，如果不是以自住为首要目的，而是以投资为第一目标的民宿，就得做好"长期持有"的心理准备。

几年前我经常去松阳，有一次跟当时的王县长聊起投资乡村的话题。他说了一句让我至今印象深刻的话："如果是投资三百万的，我们非常欢迎，如果是投资三千万的，那就不必见了。"为什么投资大的反而不见呢？王县长给出了他的理由：如果是三百万，说明你用的是自己的钱，而且相信你是个有情怀、有实力、有能力的人，那咱们可以好好讨论，一起探索；如果是三千万，说明你是从银行要来的贷款，那你每天早上醒来的第一件事，就是想着怎么把当天的利息给挣回来，也就没时间来琢磨这些需要探索的事了。现在的松阳，在乡村投资几千万的项目已不鲜见。这是经过几年艰苦努力的探索，已经寻找到并且确立起未来发展方向之后才出现的局面。

清华大学建筑学院副教授
罗德胤
2019 年 4 月

序 2

2018年11月30日，文化和旅游部在浙江安吉召开了"发展乡村民宿推进全域旅游现场会"，雒树刚部长在讲话中指出："乡村民宿，方兴未艾，大有可为。"由此，中国的民宿行业进入了"政府主导、市场主体、农村主场、农民主人"的全新发展阶段。

民宿行业的可持续发展，人才是关键。

中国旅游协会民宿客栈与精品酒店分会高度重视人才培养工作。2017年3月，分会刚刚成立半年，就在浙江温州召开了民宿发展史上第一次全国性的民宿人力资源建设座谈会。

作为中国旅游协会民宿客栈与精品酒店分会的会员单位，佳乡学院创始人严风林应邀出席了这次座谈会，并且就自身业务定位、发展战略作了精彩发言，受到了广泛关注。之所以如此，是因为作为一家创业型企业，佳乡学院专注于乡村民宿的人才培养及输出，在课程研发、师资建设等关键领域大胆投入、精心布局，其创新的理念、做法等完全不同于传统教育体系的大专院校。

两年过去，佳乡学院已然成为民宿人才培训领域的领航者。从民宿游学、公益论坛，到管家培训、政府峰会，佳乡学院的品牌初步形成，影响力快速提升，其"从0到1开民宿"等核心课程已经成为行业标杆，其"从培训到就业"等独特商业模式已经成为行业引领。

希望佳乡学院不忘初心、砥砺前行，为民宿行业发展培养更多优秀人才。

中国旅游协会民宿客栈与精品酒店分会会长
张晓军
2019年3月

序 3

  指南，乃方法论，是砺行与思考下的时间积淀、经验积淀。

  民宿作为新兴事物，传统业界统称为非标住宿产品。在日趋旺盛的优质产品消费需求驱动下，近 10 年如雨后春笋，由南及北。

  民宿十年，是产品与消费快速迭代的十年，同时又是一个不确定的十年。

  十年间我们经历了诸多的焦虑与不安，但这恰恰是一个更好时代的开始。

  德国哲学家马丁·海德格尔曾言："只有在疑问与不适中，哲学才会出现。"

  如果一个时代让你觉得不安、焦虑、充满危机感，说明它是一个好时代。

  因为在这样一个时代背景下，人们开始思索，伟大的思想才有可能诞生。

  它以雀跃心情掀开民宿砺行的每一页，分享感悟。

"西井峪计划"发起人
原乡井峪度假民宿创始人
天津蓟州民宿发展协会会长
李谦
2019 年 3 月

前言

中国近七成的土地在乡村，而乡村居住着中国不到一半的人口数量，城乡两极化趋势明显。随着城市资源的不断紧缩，乡村土地的优势则愈发明显。乡村事业恰逢其时，大有可为。近几年乡村被炒得火热，众多行业的翘楚纷纷入场，在乡村事业上百花齐放，竞相角逐。

中国的风土人情在乡村，文化内核在乡村，家族传承也在乡村。可以说，乡村承载着中国人的面子和里子。党的十九大以来，国家将重心转移到乡村建设事业上来，对外界释放了鲜明的信号，乡村振兴刻不容缓，也必须由我们这一代开始。"田园的荒芜，会影响国人的家国情怀；乡村的败落，会阻碍中国文化的发扬。"

在乡村，除了土地，便是民宅。几代人的生活印记，几代人的奋斗历程，民宅都参与其中，并扮演着重要角色。要振兴乡村，更要保护传承。民宿作为乡村振兴中的细胞，依托于民宅，通过对其改造，从而焕发新生。这本身不仅仅是对乡村业态的保护，更是对乡村印象的传承与弘扬。乡村民宿，本身就肩负着重要的使命。

佳乡学院作为根植于中国乡村民宿及乡村文旅业态事业的一分子，始终专注乡村文旅业态中的民宿领域，从民宿的人才培训及输出着手，深耕乡村民宿业态的各项事务。经过几年的发展，佳乡学院已然成为民宿业态的领航者。从民宿游学、公益论坛，到管家培训、政府峰会，佳乡学院在民宿业态的道路上越走越稳，越走越好。

根植于乡村民宿，佳乡学院也就承担了乡村民宿肩负的重要使命。佳乡学院始终在尽自己所能，传承并弘扬乡村民宿的美与精神，并不断地做更多层面的新颖的尝试，为乡村振兴事业奉献力量。这一目标符合现今国家乡村振兴的战略布局，符合民宿行业的发展需要，符合广大民宿人的根本追求。

众人拾柴火焰高，做乡村事业需要团结一致。乡村振兴的道路上，并没有一成不变的成功经验或者案例，所有的从业者都是摸着石头过河，因此更需要我们携手互助，互相搀扶。在乡村建设的道路上，我们不仅是给予者，也是受益人。

《民宿创办指南——从0到1开民宿》从侧面印证了民宿人在民宿道路上的不断摸索与总结。这不是个例，众多的行路人都在摸索与总结，我们相信，中国乡村的未来是美好的、光明的、有前景的。佳乡学院愿意携手众多的乡建同仁们，一起建设好我们的美丽乡村，向世界展示我们的美丽乡村。

佳乡学院
2019年3月

目录

第一章
——准备：磨刀不误砍柴工，看准了路再出发　　14

- 一、做民宿，先从认清自己开始　　14
- 二、手中有粮，心中不慌，论资金的重要性　　19
- 三、市场调研：知己知彼，方能百战不殆　　22
- 四、选址定生死，好的地点是制胜关键　　28
- 五、民宿开店的手续以及计划书的重要性　　31
- 六、合法的才是合理的，签订合约的重要性　　37

第二章
——形象：确定自身形象，吸引同频的人　　42

- 一、自身定位：穿好衣服再出门　　42
- 二、空间设计不仅要美观，更要合理　　50
- 三、建筑施工：施工是个见证功底的环节　　56
- 四、软装设计：软装配饰最能体现民宿主人的品位　　60
- 五、空间氛围：不断地进行空间氛围的提升　　69

第三章
——团队：一个人走得快，一群人才能走得稳　　78

- 一、民宿运营中关于人才的问题和办法　　79
- 二、如何进行人员的管理与调控　　83
- 三、好的民宿谋求的是和团队的融合统一　　91
- 四、责任、权力、利益，团队的三个小伙伴　　97

目录

第四章
——运营：不积跬步，无以至千里；不积小流，无以成江海 104

一、用数据说话：数据报表及数据分析　　　　　　　　108
二、形象识别体系，第一眼就爱上　　　　　　　　　　123
三、供应链的选取与标准　　　　　　　　　　　　　　131
四、物料管理是个勤活，最影响体验　　　　　　　　　136
五、做好民宿的品质把控，防患于未然　　　　　　　　162
六、从业者日常间夜的工作状态　　　　　　　　　　　167
七、民宿运营中的日常督导　　　　　　　　　　　　　176

第五章
——营销：酒香也怕巷子深，要走出去让人接近 180

一、曝光品牌，让品牌发声　　　　　　　　　　　　　180
二、搭建媒体框架，先声夺人　　　　　　　　　　　　193
三、渠道为王的时代总要做点什么　　　　　　　　　　199
四、持续的活动，持续的话题　　　　　　　　　　　　208
五、好的体验，客户会为你发声　　　　　　　　　　　213

第六章
——会员：围绕忠诚用户，发挥天使用户的作用 222

一、做好服务体验，就是提升口碑　　　　　　　　　　222
二、搭建会员体系，凝聚种子用户　　　　　　　　　　232
三、多场景空间设置，迎合更多类型　　　　　　　　　239
四、解决消费者的诉求，获得更多可能　　　　　　　　245

01
前期准备

第一章
准备：磨刀不误砍柴工，看准了路再出发

民宿是非标住宿，所以第一要研究其和酒店的区别，第二要研究其和农家乐的区别，把这两个区别找准了，我们的定位就清楚了。民宿是自成一体的。酒店可以说是一种城市的代表，农家乐完全是原生态的，偏乡村化的，但是民宿不同，民宿是一种整合，一种提升。

◎ 搪瓷缸小院

乡村民宿承载了太多人的情怀，城市民宿则更像是旅游触角的延伸。

一、做民宿，先从认清自己开始

1. 我们做民宿的初心

在民宿遍地开花的今天，一个新晋创业者需要考虑的终究绕不开为什么选择这个行业，为什么对民宿情有独钟，也就是我们所说的初心是什么。

初心可能是梦想、情怀、生活方式的升华，抑或是发家、致富、人生价值的实现。无论你是哪一种，都切记：没有经济基础的梦想终将化为虚无，没有合理经营的发财梦也不会长久。民宿往小了说是一门生意,往大了说是一份事业。每个人都可以借助情怀的外衣去讲故事、推 IP,但千万不要幻想玩玩就能搞出名堂。软文里随随便便玩出九成入住率的传奇背后一定有你想不到的辛苦和付出。不严肃地对待生活,生活也只会跟你玩玩。总之在创业的路上,除了容易操心和过劳肥没有什么容易的事儿。

做民宿,情怀只能是引子,而真正想把民宿做好,就要用经营事业的心态持续地坚持。但既然已经开始了,无论结果如何,都要感激那个曾经勇敢的自己,开启了一条精彩的民宿之路,而在每一个面对抉择的未来也千万不要忘记自己为什么出发。

差异	酒店	民宿
经营方式	专业经营	副业经营
使用空间	企业经营的专营空间	自用或租用的空余空间
客房数量	通常多于 30 间	不应超过 15 间
周边环境	交通优先原则	环境优先原则
在地关系	互动性低	互动性高
硬件设施	按房间分配,专人专用	民宿内共享
服务人员	经过培训的专业人员	民宿主或当地人
空间限制	配套服务较多	内部服务较少
管理标准	完善的行业标准和管理规范	没有相应标准或尚待完善

◎ 酒店与民宿的差异

2. 认清自己,什么时候都不晚

做民宿之前,先要思考一个问题——我是谁?我是兼备自然属性和社会属性的民宿从业人员,这两种属性互相影响以至决定着我们的社会轨迹。综合这两方面的特质,以下 4 点需要我们思考。

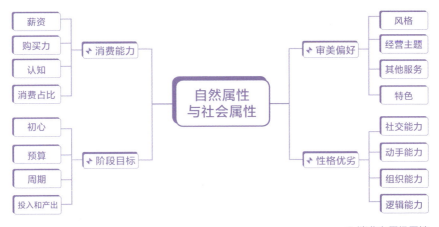

◎ 消费者层级属性

1）消费能力

考虑到阶级属性、消费理念，你觉得自己在民宿领域的消费能力如何？换言之，你愿意为一个高品质的间夜支付多少费用？除了吃住之外，你在民宿周边的消费能力处于什么区间？你住民宿的频率又是如何？

一个小民宿从业者和我们分享，作为一个民宿从业人员，为居住环境愿意支付的间夜价格在 500～1000 元不等，同时也愿意为精美伴手礼、特色化的在地活动买单，价格区间为 50～300 元，国内外旅行度假年均民宿消费次数为 3～5 次，通过以上数据得出的初步结论是一个民宿中端消费人群，基于上面的几个维度对身边亲密程度较高的 50 位好友进行调研，在如上所示的小范围调研中，"人以群分"的理念可见一斑。周边的朋友消费能力重合度高达 63%，因此以小民宿从业者的消费认知为基础打造的民宿，身边的朋友极有可能成为潜在消费群体，并且会持续吸引具有相似消费能力的消费者。

2）审美偏好

我们所说的审美在这里可以理解成装修风格、经营主题、餐饮服务、特色活动等。在思考上述审美偏好过程中我们会发现，虽然是不同的维度却有着潜在的规律和联系。例如重金属风格的民宿很少做亲子主题，也罕见供应包子、豆腐脑这种中式早餐；而大多中式民宿不会跟风过复活节和圣诞节，牛排、意面更不会在其考虑范围之中。审美偏好在不同的维度具有关联统一性，以松赞系列为例，装修风格完美契合创始人白玛多吉先生的民族特点和广大消费者的个性化需求，定位为现代藏式，"酒店+旅游"的经营模式使文化的触角得以向更深层次延伸，提供的餐饮和其他增值服务也依托地域文化展开，具有高度统一性的同时又兼备了个性化。

回顾我们自身，首先在民宿设计初期就要明确未来的主题及定位，在此过程中民宿作为小而美的载体，不宜兼顾多种设计风格、审美偏好，聚焦统一才会让民宿更出彩；同时以民宿为载体展开的餐饮、活动等也应在大方向上保持一致，再一次明确聚焦统一才会让民宿更出彩。

游客类型	观光穷游	休闲度假	疗养娱乐	商务会议
消费人群	学生、老人	白领人群	中产阶层	商务人士
资金情况	中低收入	中高收入	较高收入	企业报销
活动类型	户外采风	朋友聚会	家庭亲子	企业会晤
消费水平	1000～2000 元	2000～5000 元	5000 元以上	5000～7000 元
出行方式	步行、公交	自驾、专车	自驾、飞机	自驾、专车
住宿方式	普通酒店、青旅	度假酒店、民宿	精品酒店、民宿	功能性酒店
能动属性	猎奇、分享	社交、互动	休憩、团圆	商务、洽谈

◎ 不同民宿的主题及定位

小结

吸引力法则——你是什么样的人，就会吸引来什么样的人。

兴趣爱好在一定程度上可以看作是审美偏好的延伸。个人的爱好可以有很多，但如何选取更好地与民宿相结合，如何将兴趣爱好的价值最大化是决策中需要考虑的问题。

3）性格优劣

金无足赤，人无完人，每一个从业者性格上都会有优劣面，并且直接影响个人的职业发展。不善交际却心思缜密、踏实可靠，动手能力欠缺反而逻辑清晰、能言善道，无论是哪一种组合，在民宿发展中都可以找到属于自己的轨迹。在动手前充分分析自己的性格优劣，做自己擅长的事情；对于适合的工作交给适合的人，大胆放权也未尝不是个好选择。

4）阶段目标

做民宿可能始于情怀，但开弓没有回头箭，当情怀走进现实，我们要如何去面对眼前的项目呢？答案就是设定阶段目标，并且不断分解成若干个小目标。

假设一个 5 间房的民宿耗资 120 万元，目标 5 年回本。我们对这一大目标进行分解，考虑到折旧、市场等诸多因素，首先对每年的盈利目标进行设定，依次为 15 万元、20 万元、25 万元、30 万元、30 万元。

接下来为了实现第一年 15 万元的盈利，细化到住宿、餐饮、活动、增值产品等几个方面。住宿：8 万元，假设每个房间间夜的净利润为 500 元，至少要售出 160 个间夜。餐饮：3 万元，无正餐，仅提供下午茶，假设双人餐每单净利润为 100 元，至少要售出 300 单。活动：2 万元，假设每人每期活动净利润为 150 元，至少要售出 134 单，进而制定活动频率。增值：2 万元，小米、核桃、板栗等每千克盈利 12 元，至少要售出 1667 千克农副产品。

将上述数据拆解至每季度、每月、每周，分别设定阶段目标并结合完成情况不断进行优化调整。商场如战场，怎么能打无准备之仗，阶段目标的设立就是稳扎稳打的基石。

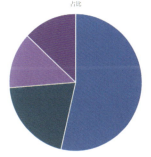

民宿 15 万元盈利测算计划表

	计划	净利润	频次	占比
住宿	8 万元	500 元 / 个	160 个	53%
餐饮	3 万元	100 元 / 单	300 单	20%
活动	2 万元	150 元 / 单	134 单	13%
增值	2 万元	12 元 / 千克	1667 千克	13%

© 民宿 15 万元盈利测算计划表

3. 我就是我自己的消费者

在对以上 4 点进行思考之后我们会发现，思维的鸿沟是非常难以跨越的，不在同一个经济层次、思想维度，很难对同一件事产生共鸣，甚至连最基础的认知同步都无法达到。因此物以类聚人以群分，你所能接触到的消费者就是以你为代表的一类人，我就是我自己的消费者。

举个例子，作为农家院的经营者，在其消费意识中一晚住宿的价值在 100～200 元，一餐的价值在 15～30 元，磨豆子、摘棉花的农事体验并不新鲜，给钱都不愿意参与。而作为北方民宿代表的北京山楂小院，一瓶山楂汁售价 50 元，手擀面、火盆锅可售 88 元 / 人，民宿间夜售价近千元，旺季时一房难求，这一切都是由更懂城里人的互联网运营人员操作而产生。因此民宿的收入结构、价格区间与经营者的消费理念存在极强的因果关系。

与此同时，"我就是我自己的消费者"还体现在民宿验收和经营标准上。

首先在民宿定位、各项设计施工告一段落时，作为主创人员的我们其实对房间的一砖一瓦并不熟悉。房屋布局是否合理，上下水是否顺畅、无异味，存在哪些人为生物隐患都是我们需要提前了解并改善的。而最好的办法就是在第一批客人到来之前住进去感受一下。

另外，在经营标准上，以挑剔的眼光寻找问题，以顾客的诉求丰富产品是保持民宿活力的秘诀。经营越久，偏离初心的几率越大，久而久之无法洞察客人所需，甚至站在了消费者的对立面，忘记了"我曾经是自己的消费者"，这样一来民宿经营也就岌岌可危了。

小结

开民宿之前，要在可控制的范围内，制定好明确的投入回收计划。

◎ 搪瓷缸小院

4. 你是哪种民宿从业者

进入民宿行业，找准自己的定位非常重要。而定位又与自己的长板息息相关，例如心细如发地做运营，投其所好地做品牌，脑子活络地做市场，但无论如何要知道的是：无论是谁，我们都是凡人，无法面面兼顾、十八般武艺样样精通。同时，民宿又是一人多岗，一岗多职的集合体，因此找合适的人做合适的事，远远比投资民宿更加复杂并且重要。

一个好汉三个帮，寻找志同道合的伙伴与能人无疑是民宿路上的最强助力，创业也不是一个人的事，虽然民宿是小而美的载体，体量有限，无法进行庞大的团队组建，但核心精英的引进还是非常有必要的，借势而为，同时把自己擅长的领域做好，作为民宿从业人员的职业生涯规划就已经成功一半了。

小结

做民宿之初，要先认清自己。了解自身做民宿的初心，挖掘自身的社会属性，看自己是否具备做民宿的条件。你就是你的民宿的第一消费者，需要从你的消费能力、审美偏好、性格优劣、阶段目标等角度了解你的民宿的潜在消费者。

二、手中有粮，心中不慌，论资金的重要性

开民宿，已经不是搞个房子，跷腿当二房东那么简单了。打造产品、IP 推广、品牌扩张，民宿向上发展的道路没有足够的资金支持绝对是举步维艰。真正投入民宿行业前，如何获得足够的资金支持是从业人员首先要考虑的问题。资金来源大体上可以分为银行贷款、政策性贷款、平台众筹等。不同的筹集方式在资金使用、渠道特点上又各有优劣，下面我们进行简单的对比分析。

1. 银行贷款

银行贷款作为传统又保守的资金来源方，在个别地域和项目中仍然被青睐。当前笔者了解的比较适合民宿的银行和各类银行金融机构产品如下。

（1）中小企业经营贷。一般要求企业成立满足一定年限，并要求提供房产等抵押物，授信一次发放，分期偿还，最长可达 3～5 年，额度一般为抵押物市场价值的 50%。这种贷款期限长，利率低，分偿还本息，要求有房产作为抵押物。此类贷款适合以公司形式对外经营的民宿品牌，且公司法人具备一定的财力基础。

（2）消费贷。消费贷是一种个人消费贷，主要针对有稳定的收入且违约概率相对较小的年轻人，以及中低收入的稳定职业从业人员。授信发放机构也会根据企业主的情况发放一部分实际用于店面经营的消费贷，一般最高授信金额为申请人工资的 5 倍，不超过 20 万元。此类贷款的优势是易申请，无需财产抵押，但金额较小。在民宿经营中此类资金只能用于基础性维护，无法发挥较大的价值。

2. 政策性贷款

部分公司或政府机关会给某些特定行业的企业予以政策性担保，该类担保以文化类企业受益较多，十九大后乡村振兴策略的强势涌入，使乡村民宿备受关注，很多地区专门设立了民宿、乡建的扶持资金。以北京密云区为例，一个符合当地政策标准的民宿项目可获得50万元3年免息的政策性贷款使用权。该类贷款对民宿的规模性发展大有帮助。

> **小结**
>
> 众多民宿业态更多是通过众筹式私募的形式筹集资金。筹集资金的同时也筹集志同道合的合伙人。

3. 平台众筹

众筹指通过互联网方式发布筹款项目并募集资金。相对于传统的融资方式，众筹更为开放，能否获得资金也不再是以项目的商业价值作为参考标准。只要是网友喜欢的项目，都可以通过众筹方式获得项目启动的第一笔资金，因此小本经营的民宿项目在众筹领域拥有了无限的可能。目前我们所熟知的多彩投、开始吧等都是以民宿众筹为主营项目的平台，除了吸金的特质外同时具备极强的产品包装能力，让民宿在筹建前期即可获得一定程度的曝光。

◎ 搪瓷缸小院

1）众筹作为新兴的资金来源途径具有以下特点

（1）低门槛。无论身份、地位、职业、年龄、性别，只要有想法有创造能力都可以发起项目。

（2）多样性。众筹的方向具有多样性，参与方式也非常丰富，购买民宿周边、低价预购民宿间夜、出资一定金额成为某级别的共建人都可以作为备选。

（3）依靠大众力量。支持者通常是普通的民众，而非公司、企业和风险投资人。

（4）注重知识产权。发起人必须先将自己的民宿创意（设计图、成品、策划等）达到可展示的程度，才能通过平台的审核，而不单单是一个概念或者一个点子，要有可操作性。

有故事有酒又有钱，众筹满足了广大民宿爱好者对开店的梦想，也为民宿主提供了曝光的平台与资金来源，因此逐渐成为市面上的主流资金来源之一。

2）众筹的分账模式

需要特别注意的是众筹不是捐款，支持者的所有支持一定要设有相应的回报。一切都是以盈利为目的进行的商业模式。众筹根据种类划分的分账模式主要有以下几种。

（1）债权众筹。投资者对民宿项目进行投资，获得一定比例的债权，未来根据初期设定的规则逐年获取利息收益，一定年限后收回本金是债权众筹的最大特点。

（2）股权众筹。投资者对民宿项目进行投资，获得一定比例的股权，未来根据初期设定的规则逐年获取分红收益。此类是目前主流的众筹产品之一，有利于共建人与项目共同承担风险、对抗不确定因素，以便更好地完成经营目标。

（3）产品众筹。投资者对民宿项目进行投资，获得产品或服务，例如，用599元购买某民宿非节假日住宿一晚，用2999元购买双人食宿套餐＋周边景区门票等个性化产品。与之相类似的还有前期储值吸引潜在用户的方式，例如，储值两万元返两万五千元消费金或其他营销方式，产品众筹的主要目的不是资金的大规模引入，而是侧重于品牌的前期推广与行业造势，但凡事都有利弊，大量的众筹产品会为民宿后期的运营造成压力，也会存在低过预期等情况，甚至会影响品牌未来的发展，存在一定程度上的隐患。

（4）公益众筹。投资者对项目或公司进行支持，可以无偿获得一个象征性的回报，例如，获得民宿名誉管家、某民宿明信片等，在影响力方面与产品众筹有相似之处，前期造势、吸引潜在用户、增强参与感都可为民宿后期的发展助力。

众筹类型及收益情况	
众筹类型	收益情况
债权众筹	投资人按照平台规则投资民宿，并根据约定的债权回报比例，根据合同确定的规则逐年获取分红收益，到期后投资人收回本金。
股权众筹	投资人投资民宿项目，根据余额获得一定比例的股权，未来根据初期设计定的规则逐年获取分红收益。
产品众筹	投资人在某个特定时间段内，对民宿项目进行投资，获得产品及服务，类似于团购，可以在这个时间段获得相对较低的产品或服务价格。
公益众筹	投资人对民宿项目进行支持，以无偿或者较低价格获得一个象征性的荣誉回报。

◎ 民宿众筹类型及收益情况表

小结

民宿的众筹能够解决让情怀变成现实的问题，能够将民宿项目落地，并提供资金支持。同时通过众筹的方式，不仅能够筹集资金，也能筹集到合伙人，更多地展示民宿项目，从而吸引同样具有民宿梦想的共建人。

三、市场调研：知己知彼，方能百战不殆

市场调研可以客观、全面地收集被调查对象的信息，对收集的信息进行分类整理，运用一些分析方法对信息进行总结提炼，形成有说服力、理论与实践相结合的结论与建议，这样对科学决策有非常大的辅助作用。充分地进行市场分析和调研，掌握一手市场数据，用数据武装头脑，是民宿成功经营的重要前提。

◎ 民宿业态市场调研

市场调研的种类和方向有很多，结合民宿行业的实际情况我们本篇分别就用户调研和竞品调研两个方向展开分析。

1. 用户调研

消费者是我们经营的主题，民宿一切的经营活动都围绕着消费者本身。客群定位似乎比较难以用统一的方法进行指导，很多创业者在开业以后才渐渐探索出登门的消费者属于哪个类型，但是保持"开门做生意，笑迎八方客"的心态，很难在当前细分市场、细分需求的年代找到自己的目标客户，因此，民宿筹划阶段就必须想明白一个问题：要做哪类人的生意？

1）根据阶层划分确定客群定位

之所以要进行消费者阶层划分，是因为阶层定位决定了品牌的获客成本。通常情况下，低端市场的获客成本可能很低，利润空间也相对较小；中端市场的获客成本一般，利润空间也会有所上升；高端市场的获客成本很高，其利润空间相对较大。不同的用户定位使民宿有不同的获客成本，这会直接反映在民宿日常的营销成本和其他很多层面上。因此，对消费者的定义，其实决定了民宿最终模式的选择。

关于这个问题，创业者一定要根据自己的情况，明确自己本身是什么样的人。通常来讲，创业者最了解的是和其处于同一阶层或者具有同一属性的人。在创业过程中，创业者周围的朋友很有可能会成为其争取到的第一批客户群体，为民宿创业者提供第一桶金。例如，如果一个普通农家院经营者想做高端民宿，由于缺乏了解，他可能很难满足白领、金领的需求，尽管房间里摆满了红木家具和名贵的绿植，显而易见，对客群诉求不清晰，对客户调研不到位是他难做高端民宿的最大原因。

而商家的某些属性和顾客是匹配的,在对自身客户进行定位时,创业者应该从自身出发,考虑将消费者阶层定在什么角度比较合适。

从自身生活经验出发,通过观察周围同类人的需求,推演出一个可行的计划,这是很多成功民宿迈出的第一步。 此外,客群的辐射能力也需要列入最早的计划之内——消费者如何传播信息,以及他们能带动何种民宿消费群体。职业女性的口碑传播可以带动周围的同事、友人,有时还能带动家庭,他们基本上以 2～4 人的规模出现。确定了这一点,也就确定了民宿每单接待的最优配置,从而为民宿创造最大的利润空间。

客源类型	比重
城市人群	79%
女性	56%
26～45 岁	73%
月薪 5000～10000 元	43%
本科学历	71%
已婚有子	61%

◎ 民宿客源属性分析

2）根据消费场景确定客群定位

准确的客群定位,是从经营者的角度出发进行的。但想要获得消费者的青睐,就必须从创造消费者的需求出发,结合消费场景,切实帮助消费者解决问题。

在不同的场景下,人们会暴露出自己不同的痛点,由此也会出现不同的选择逻辑。快捷酒店单纯解决住的需求,而民宿要解决的更多是享受需求。除了基本的食宿问题外,客人渴望更多的度假式体验,还有一些客人需要的是社交场景,或者追求安静的环境和更好的服务,这就是另外一种场景下的消费逻辑。

小结

用户调研的作用其实就是帮你找到你的精准消费群体以及潜在消费群体在哪里。

综上所述,在做用户调研的时候应记住以下几点内容。

目标客群:他们喜欢你的店,恰好,你也喜欢他们!

客户诉求:亲子、社群聚会、商务团体、度假、特色活动和其他。

时间属性:节假日、平日、年假、家庭节日或个人节日,不同的节假日有什么特别的专属需求。

客户画像:年龄、收入、性格、职业,甚至是生活状态等。

与此同时，作为经营者值得庆幸的是，每个客群都有种子客户（社群领袖），所谓的社群领袖是在自己的社群当中具有一定的话语权，并且可以左右其他人的判断！这就为品牌的推广发展、客群积累奠定了基础。因此不断提炼并寻找特定客群，寻找特定场景的种子客户，是最重要的事情。

◎ 惠爱乡居——画框里

2. 竞品调研

很多佛系的民宿从业者会认为我做好自己的生意就可以了，为什么要大动干戈做竞品调研呢？因此我们先来了解一下知己知彼的重要性。

（1）可以为产品制订可行的实施方案。

（2）随时了解竞争对手的产品和市场动态，如果挖掘数据渠道可靠稳定，根据相关数据信息可判断出对方的战略意图和最新调整方向。

（3）可掌握竞争对手资本背景、市场用户细分群体的需求和空缺市场，包括产品运营策略。

（4）自我快速调整以保持自身产品在市场的稳定性或者快速提高市场占有率。

（5）新的产品、拍脑袋想出来的（指的是对新接触的行业没有积累和沉淀）没有形成较为有效完整的系统化思维和客观准确的方向。

在大家了解了竞品分析的这些好处之后，那么竞品分析应该怎么去做？

值得一提的是，在一家成熟的企业里做竞品分析，基本上是长时间定期持续积累、不断挖掘和分析的一个过程，从而让数据准确性提高，并具有很强的说服力。

1）确定哪些是竞争者

（1）直接竞争者。这里包括了市场目标方向一致、客户群体针对性极强、产品功能和用户需求相似度极高的产品，用民宿从业者的话说："和你真刀真枪干上的竞争者。"

（2）间接竞争者。市场客户群体目标不一致，与你的产品在功能需求方面互补，但又不是主要靠该产品盈利。

（3）同行业不同模式的竞争者。比如 B/S 互联网模式和行业解决方案及单机 C/S 客户端，一锤子买卖和长期靠服务收费的企业。

（4）资本雄厚炒作概念的竞争者。经常炒作概念的各大媒体平台，具备行业前瞻性的一些团队，人才、背景、资质、规模非常有潜力的企业。

民宿满意度调查表
姓名：　　　　　　　电话：
年龄：　小于 25 岁□　26-35 岁□　36-45 岁□　大于 45 岁□
性别：　男性□　　　　　女性□
职业：　行政机关□　　事业单位□　　自由职业□　　企业白领□　　在校学生□　　退休人员□
1. 您对本民宿周边环境（绿化、卫生、景观设置等）是否满意？ 　　A. 非常满意　B. 比较满意　C. 一般　D. 比较不满意　E. 非常不满意
2. 您对到本民宿的交通时长及交通路况是否满意？ 　　A. 非常满意　B. 比较满意　C. 一般　D. 比较不满意　E. 非常不满意
3. 您对本民宿的整体印象如何（外景展示、装饰布局、主题氛围灯）？ 　　A. 非常满意　B. 比较满意　C. 一般　D. 比较不满意　E. 非常不满意
4. 您觉得本民宿工作人员的整体服务态度及仪表仪容如何？ 　　A. 非常满意　B. 比较满意　C. 一般　D. 比较不满意　E. 非常不满意
5. 您觉得本民宿的安全状况如何？ 　　A. 非常满意　B. 比较满意　C. 一般　D. 比较不满意　E. 非常不满意
6. 您觉得本民宿的布局、功能、环境及服务如何？ 　　A. 非常满意　B. 比较满意　C. 一般　D. 比较不满意　E. 非常不满意
7. 您觉得本民宿的就餐、卫生、食品等环节如何？ 　　A. 非常满意　B. 比较满意　C. 一般　D. 比较不满意　E. 非常不满意
8. 您觉得本民宿的客房、设施、布草等体验如何？ 　　A. 非常满意　B. 比较满意　C. 一般　D. 比较不满意　E. 非常不满意
9. 您认为本民宿的管理制度、管理方式和管理水平如何？ 　　A. 非常满意　B. 比较满意　C. 一般　D. 比较不满意　E. 非常不满意
10. 您认为本民宿的整体性价比如何？ 　　A. 很高，物超所值　B. 较高，物有所值　C. 一般，可以接受　D. 较低，很不满意
11. 您对本民宿有什么意见和建议？

◎ 民宿满意度调查表

2）从哪里获得竞争对手信息

（1）从内部市场、运营部门、管理层等搜集信息。

（2）行业媒体平台新闻，论坛及 QQ 群，搜索引擎。

（3）建立持续的产品市场信息搜集小组。

（4）调查能够弥补核心用户、活跃用户、普通用户不同需求的产品和能够间接代替的产品。

（5）竞争对手的官网、SNS 平台、一些门户网站、产品历史更新等，还有竞争对手的促销活动。

（6）竞争对手季度和年度的财报，各大人才网的简历更新（包括官网的招聘信息等）。

（7）通过 Google 搜索引擎找到同行的行业信息订阅，目前知乎、ZAKER 等互联网平台也是很好的渠道，在这些市场中遇到直接竞争者的概率不大，但盈利模式和功能定义用户群体具备一定的前瞻性和市场趋势导向性。

（8）通过试用对方的产品，咨询对方客服，技术问答等都是很好的方式。

其实从上面的渠道了解竞争对手的产品需要花费一定的精力，很多人都是直接拿着产品或者网站直接进行分析，这样做出来的竞品分析报告只能体现表层内容，不能体现深层次内容。

◎ 惠爱乡居——画框里

小结

没有比较就不知道差距，作为民宿主，你必须十分清楚竞争对手的实力和不足，以便以自身的角度出发取长补短。

3）从哪些方面获取竞争对手或其产品的信息

（1）技术、市场、产品，运营团队规模及其核心目标和其在行业的品牌影响力。

（2）财报里面获取季度乃至年度盈利的数值，各条产品线资金投入信息，占据公司主盈利的产品线。可能这条比较专业，从移动互联网角度来讲，通过这些可以确认公司内这个产品哪个模块是可以盈利的，这个产品是不是这个公司的主要盈利产品。

（3）从用户覆盖面、市场占有率、运营盈利模式这些方面尽可能了解固定周期的总注册用户量、装机量、有效转化率。

（4）产品功能分析及其对比（我发现很多人一开始就是从这方面来做的，尽管简单直接了点，只能得到表层的数据），这里面涉及的数据有稳定性、易用性、用户体验交互、视觉设计实力、技术实现框架优劣势等。

（5）产品平台及官方的排名和关键字及外链数量。

一般用的分析方式有 SWOT 分析法、客户满意度模型、波士顿矩阵、信息对比等。

这里主要阐述 SWOT 分析法。实际上是将企业内外部条件各方面内容进行综合和概括，进而分析组织的优劣势、面临的机会和威胁的一种方法（较为宏观和主观），也可作为竞品分析的一种方法。我们需要对产品的优势和劣势有客观的认识，知道这个产品的现状和前景是怎么样的，需要我们全方面地去考虑。必须与竞争对手进行全方位的比较，知道自己有哪方面的优势和劣势。分析时，大家应注意贯彻扁平化设计的思维，做的竞品分析模型要尽量简洁化，避免复杂化与过度分析。

© 惠爱乡居——画框里

> **小结**
>
> 市场调研其实就是确定消费人群、民宿发展方向和民宿定位的过程，并且可以采取一些科学的分析方法，明确自己民宿的优缺点，从而制定一套不同于同行业的营销运营方法。

四、选址定生死，好的地点是制胜关键

选址是民宿的基础，对于民宿发展所起到的作用几乎是决定性的。选址过程中的标准和禁忌因所在区域、民宿类型以及所追求特点的不同而不同，但是民宿行业内常说的几个选址要素仍具有极强的参考价值，如下所示。

◎ 民宿选址八大要素

（1）是否为热门旅行目的地。只要是旅行目的地，它本身就带有流量。在旅行目的地流量的评估上，应当有一套严格的打分标准。300万人次的人口流动量为一个档次，100万～200万人次的人口流动量为一个档次，100万人次以下的人口流动量又是一个档次。通过档次的划分，就会有一个首要判断标准——它是否为热门的旅游目的地。例如大理、丽江，它们已经是发展成熟的旅行目的地，全国众多区域正在发展或逐渐发展为成熟的旅行目的地。所谓的借势就是根据当地的环境一起成长。

（2）是否具有极致的景观。以国内民宿知名品牌千里走单骑为例，这一品牌对景观有非常严格的判断标准。千里走单骑追求的是景观的极致。例如大理洱海边、泸沽湖、玉龙雪山等，占据了天资一色的极佳位置，极致景观的重要性是无法替代的。很多人度假主要是为了逃脱城市的封闭和压抑，需要放松。因此千里系列的每一个酒店都是大师级的设计作品，都拥有相应的极致景观。在他们的选址标准里，景观为决定性的因素。

（3）是否有长期的经营旺季。开一个民宿能火多久？一年中可以做多长时间的生意？地理区位不同经营状况是不一样的。仍旧以千里走单骑为例，旗下民宿选址的一条标准是不低于八个月的旺季。如果是很冷很冷的地方，旺季只有三四个月，通常都需要慎重考虑。如果其他的因素可以弥补这方面的不足，也是可以考虑的。但如果旺季不足八个月，那就已经大打折扣了。

◎ 白鸟集

（4）是否具有便利的交通环境。考虑到民宿的受众人群（都市白领、外国友人等），民宿项目选址对离高铁口、高速公路、机场的距离应有明确的要求。大理和丽江的酒店，就符合交通便利的要求。为什么这么说呢？大理和丽江分别都有机场，方便全国各地，甚至世界各地的游客来到这里。交通时间不能超过一个小时。所以需要在交通上提前替顾客充分考虑，设想好顾客不想要的东西。过长时间的颠簸对老人不好，孩子会哭闹，长途跋涉也很难满足本来就患有都市病的白领对休闲度假的初期预想，一旦偏离预期，后续项目上需要付出的成本便十分高昂，也就是通常所说的这么辛苦来一趟到底值不值。

（5）是否具有优质的政策条件。一定要看清楚，这个地方有没有优惠的政府政策。其实有一些很大的商品开发商，都是有学问在里面的。很多民宿开到一半开不起来（例如大理），最大的问题就是因为政府政策改变了，要保护洱海、治理洱海，所以所有的店都要停止营业。所以在选址之前，要动用所有的社会关系与所有能够找到的资源去了解当地有没有优惠的政策，若有，这些政策对开店和后期运营是否有好的影响。政策方面的问题我们在下一章会详细讲解，这里不过多展开。

（6）是否具有在地化特色产品。有一些民宿做得特别好，是因为它的副产品做得好。例如江浙一带的民宿卖海鲜、水类产品；三亚有非常漂亮的海岸线。这些副产品是云贵川所没有的，但是云贵川的民宿能卖些什么？大理可以卖生活方式，游客可以在大理得到前所未有的放松。大理有白族的服务生，有管家亲自带游客去体验当地少数民族的文化。这些资源是游客们平时无法轻易接触到的。

民宿选址遵循原则

1. 项目选址要具备项目开发面积符合投资回报成本计算。
2. 项目选址要具备投资开发而引起正面的社会效应。
3. 项目选址要符合项目地特色景观的标准。
4. 项目选址要有独特的地理位置。
5. 项目选址要具备便利的交通条件。
6. 项目选址要具备后期宣传和运营的借势力量。
7. 项目选址要具备人流量达标的标准。
8. 项目选址要考虑项目地的气候等自然条件，避免自然灾害频发地段。
9. 项目选址要符合国家政策的指导方向。
10. 项目选址的土地政策要符合国家指标要求。
11. 项目选址要充分考虑项目的土地性质。
12. 项目选址要遵循项目地符合国家及土地政策的开发条件。

◎ 民宿选址遵循原则

小结

选址定位决定民宿的生死。市面上大多数经营良好的民宿，其选址都不会差。

考虑到上述内容，我们还应对客户群体进行剖析，也就是互联网公司经常说的用户画像。客户的来源、年龄、性别，对餐饮、住宿、活动的需求等，在明确客户的大致诉求后结合当地特产、风俗打造民宿产品，这是选址的深层次延伸。

其实说到这里，我们已经总结出了民宿和五星级酒店的区别。五星级酒店只要做好以下三件事：早餐做得好，房间舒服、干净，有热水供应。就这三点，顾客满意度就能达到百分之百，这是因为顾客对五星级酒店没有太多的体验需求。但是很多客人来住民宿，例如莫干山的民宿随便一家都是一两千、两三千，为什么它的价格比酒店的贵？那是因为民宿有的东西，很多五星级酒店没有，这就是借势资源的作用。因此，选址的时候要想到自己有什么，以及哪些是自己有而别人没有的。

上面提及的 6 点都是日后经营时需注意的软性标准，一方面不达标还可以依靠其他方面进行弥补，那接下来这 4 点就是硬性标准，具有极强的不可抗拒性。

（1）项目选址要符合国家政策的指导方向和土地性质。

（2）项目选址要符合国家及地方政府的开发条件。

（3）项目开发面积应符合投资回报成本计算。

（4）项目的投资开发应能引起正面的社会效应。

非常有参考价值的案例就是震惊全国的"秦岭别墅"事件。首先从国家政策指导方向上，该项目涉嫌党内贪污腐败、违规操作等多项问题；再者从土地性质上看，在项目初期签订的土地租赁合同借"苗圃绿化项目"巧立名目，租用地块面积为 15 亩，土地用作园林绿化、盆景、栽培或其他经营活动（要求无污染、无噪声），租赁期为 70 年，总租赁费用为 73.5 万，但最后挂羊头卖狗肉，建成"超级别墅"，仅狗舍面积便达 78 平方米，最终作为违建被强令拆除，不仅造成严重的经济损失更是遗留了大量的建筑垃圾，破坏了耕地。

◎ 白鸟集

有了以上 10 条标准，就可以去实地考察了。在实地考察前，其实内心已经有了标准。每一条标准就是 10 分，如果每一条都是 10 分，那么这个项目就一定要拿下来。实地考察就是根据市场调查的实际情况，去选择该项目适合做什么，定位是什么？未来的标准客户画像是什么，是亲子还是闺蜜？综合以上多方面考虑，经过多轮考量，最终才能确定选址，可见项目选址有多么庞大而复杂，而其作为民宿筹建的第一项，这才刚刚开始。

小结

选址是民宿的第一步，也是最重要的一步，对于民宿发展几乎起决定性的作用。其实民宿的选址就是定位，你要确定以何种方式来经营你的民宿，以何种方式来吸引你的消费人群。你要明白为什么别人家的民宿做得好，可以先从选址的角度去了解。

五、民宿开店的手续以及计划书的重要性

民宿在各地发展状况和管理方式都不一样，不同的地方有很大的差异，以民宿发展成熟的浙江为例，申办乡村民宿必须具备下列条件。

（1）必须在城镇或集镇建成区之外。

（2）民宿选址应当符合本辖区内的土地利用总规划、城乡建设规划和乡镇乡村旅游民宿发展总体规划。

（3）房屋建筑风貌应当与当地的人文民俗、村庄环境景观相协调，结构安全牢固。

（4）有合法的土地和房屋使用证明，单幢建筑面积不超过800平方米，且楼层不超过4层，耐火等级低于二级的楼层不超过2层，联批联建不得超过3户。

（5）具有必要的污染治理和安全防护等基础配套设施，按要求设置符合标准的污水处理池，有条件的区域统一纳入污水管网。

（6）道路通达条件较好，建筑不占用水利红线，无地质灾害和其他影响公共安全的隐患。

（7）参加公安、消防、旅游、卫生、食品药品监督管理等部门组织的培训，并通过考核。

（8）邻里关系和谐，自觉遵守法律法规和乡规民约，无影响社会稳定的因素存在。

1. 工商营业执照
（一）办理营业执照需要的材料：
1. 经营者身份证复印件1份
2. 经营者一寸彩色免冠相片1张
3. 从业人员身份证复印件1份
4. 房屋所有权证明（自家房）1份
5. 租赁合同复印件（租用他人房间）1份
（二）开办旅租须提供：
1. 房屋租赁合同
2. 居委会证明（用自己房屋来开办旅租的，应说明自建房屋等情况）
3. 当地派出所出具证明（经营旅租场所安装监控落实情况说明）
4. 流动人口须提供人口信息卡
5. 身份证复印件1份及1寸相片1张
（三）办事流程：
有固定场所（铺店、市场摊位等）→材料齐全→办结
（四）承诺时间：
几日内准备齐全进行审理
（五）地址及电话：
地址：民宿所在地理位置
电话：
2. 食品经营许可证
（一）需要的材料：

1. 法人或负责人的身份证复印件3份

2. 房产证明或房屋租赁合同（复印件）

3. 从业人员健康证复印件及身份证复印件（至少两人）

4. 工商营业执照复印件

（二）办事流程：

办理《营业执照》→办理《健康证》→提交《食品经营许可证》材料→现场勘察→办结（没有办结承诺时间）

（三）办理地址：

在地食品药品监督管理局

电话：

3. 公安消防方面

（一）所需手续：

1. 民宿法人代表到派出所开具无犯罪证明记录表

2. 民宿开办者登记员工花名册，到派出所开具员工无犯罪记录证明材料

3. 开办者整改民宿内的消防设施，接受派出所或消防部门的检验，合格后派出所或消防部门出具消防检查合格记录

4. 开办者申请治安管理信息系统，安装视频监控，接受派出所进行检验，合格后派出所出具检查合格证明材料

5. 民宿中没有保安证的兼职保安要到派出所申请保安报名表

6. 派出所对民宿前台工作人员进行培训，培训后派出所出具书面证明材料

7. 民宿开办者与派出所签治安、消防、反恐责任书

8. 派出所进行首检，首检后派出所出具首检记录表

9. 民宿开办者办理旅业式出租屋备案登记

10. 开办者遵守民宿相关管理制度

（二）所需材料：

1. 工商营业执照（副本）复印件

2. 工商名称变更核准通知书（复印件）

3. 法人身份证复印件

4. 房产证明（如租房或转让，需提供租房合同或转让合同，因历史遗留问题没有产权证明的，应提供居委会开具的证明）

5. 房屋平面图（含具体客房分布及数量、类型、房号）

6. 房屋方位图

7. 民宿照片（民宿正面、前台、房间、走廊、监控、消防设施等照片）

4. 卫生许可证
1. 从业人员健康证，健康证办理机构
2. 卫生检测报告（对顾客用品、用具及空气质量进行检测）需委托第三方检测机构出具
3. 场地布局图，电脑打印，标出布草间和消毒间位置
4. 方位示意图，地图软件定位截图打印
5 卫生管理制度
6. 营业执照
7. 法人身份证（委托办理的委托书及被委托人身份证）
8. "卫生许可证申请书" "建设项目卫生审查认可书"

◎ 民宿开店手续流程表

在浙江，民宿批文由公安、消防、建设、旅游、卫生、环保、食品药品监督管理、工商等部门组成的联合审批小组负责管理，明确并固定专门工作人员代表部门开展证照的办理审批工作。民宿开班实行部门联合审批，由县民宿发展协调小组办公室牵头，联合受理、联合审查、联合踏勘、一站式审批。

（1）业主提出申请，签署村委会意见后提交乡镇。

（2）乡镇实地踏勘，对经营用房的合法性、选址安全性、布局合理性和其他申办条件进行审核公示，公示时间不少于3日，对符合条件的，签署意见后提交县民宿发展协调小组办公室审批。

（3）县民宿发展协调小组办公室牵头，组织联合审批小组进行实地核验，集体评审，并将评审结果一次性告知申请人。

（4）工商部门进行名称核准。

（5）民宿各项设施按许可标准实施后，报县民宿发展协调小组统一进行审核。

（6）取得公安、消防、卫生、食品药品监督管理等部门颁发的住宿、餐饮、卫生等行业许可证，办理工商营业执照和税务登记。

（7）由县民宿发展协调小组办公室授予"民宿经营"牌子。

（8）公安、消防、税务、卫生、食品药品监督管理、工商等部门依法、高效、优质地为业主办理相关证照，不得设置其他前置条件。

以上是乡村民宿，而城镇民宿客栈可能会相对简单一些，要想经营好民宿，除了办理与政府相关的批文手续外，还应对以下事情和流程有一定的了解。

◎ 白鸟集

（1）找符合经营标准的房子：考虑用房性质（民用还是商用）如何，水电费用如何，消防是否可以用在改造项目中。

（2）市场调查、投资预算分析：充分分析在地消费人群及行业竞争对手，并根据装修、办证等费用支出，预算多久可以回本甚至盈利。

（3）项目装修工程及证件办理：确定装修方案并进场装修后，需要办理相关证照（营业执照、消防证照、特殊行业许可证等），确保已获得合法经营权限。

（4）销售、运营、管理、服务：要做好开店经营后的一系列工序环节，以确保民宿能够正常运营。

在充分了解民宿市场的大环境和自身情况，并做好了资金上的准备之后，就可以将民宿筹备提上日程了。在正式行动之前，制订一份行之有效的创业计划书是非常必要的。

需要明确的是，创业计划书并不仅仅是一份简单的书面计划，而是创业者的一个切实行动纲领。可以说，这是民宿创业成功的基础和起点。通常情况下，创业计划做得越详细、越周密，成功打造一家民宿的可能性就越大。在创业计划书里可描述项目的产品（或服务）的盈利点，创业者短、中、长期的项目规划等；可重点描述产品和服务的特色、与竞争者的差异，客户选择产品和服务的理由，针对民宿市场确定不同的营销方式，在明确目标之后，决定怎样上市、促销、定价等，并且做好预算。

由于民宿为实体项目,因此对店面地点要做重点分析,需要分析并提供竞争策略管理制度、治理结构、组织架构,并明确现在、半年内、未来三年的人事需求。需要引进专业技术人才全职或兼职,充分考虑融资款项如何运用、营运资金如何周转等,预测未来三年的利润表、统计负值表和现金流量表,并分析风险,提出应对机制,做好近期、中期、长期规划。

> **小结**
>
> 各地对民宿的标准不同,准入许可也不同,但是一定要手续齐全,合法经营。

在制订创业计划书时,要明确以下几点。

(1)首先,要明确做民宿的初心,也就是搞清楚为什么要开店,这将是支持创业者走下去的最大动力。

(2)其次,要做好产品定位,也就是考虑好到底要做什么,并且确定产品本身存在的门槛,以了解未来可能面临的困难。

(3)再次,要了解自己的优势,这代表着未来构建商业壁垒的主要方向。

(4)最后,还要确定好创业团队。了解创业团队中的每个人,熟悉他们的能力,以确定到底谁能够在创业的道路上起到重要的助推作用。

总而言之,在一份完整的创业计划书中,以下四个词极为关键。

(1)市场。市场空间不同,意味着获客难度不同。简单来说,市场决定了民宿的规模和品牌的发展空间。例如卖间夜和卖生活方式两者相比,住宿市场在不断受到挤压,而生活方式的推广空间却要大得多。

(2)模式。模式决定了品牌成长的速度。好的模式能够高效率地配置资源和资金,最终使整个项目顺利实现预期目标。

(3)产品。好的产品是做好民宿的关键。只有拥有较有竞争力的产品,民宿才能做得长久。

(4)团队。团队是民宿的核心,也意味着一起努力的重要性。明确民宿创业中的几个关键点之后即可开始制订具体的创业计划书。制订创业计划可按以下步骤进行。

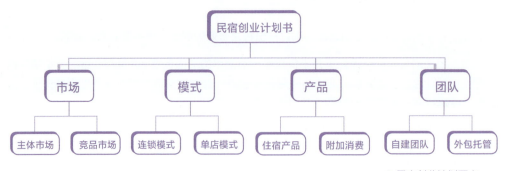

◎ 民宿创业计划要点

（1）确定阶段性目标。目标的选取一定要切合实际，要有阶段性目标，如果无法预计一年之内应如何做、那么至少要设定半年乃至一个季度的目标，以及每个月、每周的具体目标，日积月累、循序渐进。

（2）制订资金使用规划。资金的使用是一个亘古不变的难题，应谨慎地使用每一笔资金，建立严格的资金监管制度。对于投资人、共建人要给予充分的尊重，定期（一个月或者一个季度）进行汇报。总之，资金必须在严格的管控之下使用，有一套严格的管控流程。

（3）做好风险预估。风险分为可预知的风险和不可预知的风险两种，民宿在不同的发展阶段会遇到不同的经营风险。不可预知的风险难以回避，可预知的风险则应在创业初期充分考虑，并尽可能地找到规避方法。所谓把风险降到最低就是让风险可控，只要风险在可控制的范围内，经营就没有问题。通常情况下，当风险变得不可控时就要谋定而后动，方能立于不败之地。

创业计划书是民宿创业者的开业指南。制订过程是一个相对复杂的工作，需要创业者对整个餐饮行业和市场进行充分的研究、分析。同时，制订创业计划书的过程也是创业者全面梳理、重新审视餐厅未来发展战略的过程，其重要性不言而喻。

小结

民宿的经营一定要合法，相应的手续证照要齐全，这也是有序经营的前提和保障。而创业计划书则可以实时监督民宿发展的进度，并根据反馈信息进行及时调整。详细明确的创业计划书能够吸引民宿项目的投资方。

六、合法的才是合理的，签订合约的重要性

在民宿经营中，物业所属权是非常重要的一点。通俗来讲就是房子是自己买来的还是租来的。自己的怎么都好说，这里我们着重分析一下租赁物业的注意事项。

乡村民宿因涉及农村土地政策，非本地居民几乎难以通过购买获得，因而我们所熟知的业内著名的乡村民宿几乎都是通过租赁、改造、重装实现。在此过程中，有的相安无事，村民一次性获得 20 年的租金，有的甚至可以拿到一定份额的民宿分红和其他福利。但毁约、涨租的案例也不在少数，所谓强龙压不过地头蛇，如果民宿创业人员耗资百万投入了极大的心血，打造成功一家民宿，因物业问题而影响甚至中断经营，这带来的损失是不可估量的。为了预防此类事件的发生，我们在取得物业所有权之前就应通过法律途径确定并且保护自己的合法权益。

对于乡村土地政策我们应掌握一些基本常识。农村宅基地，是农村的农户或个人用作住宅基地而占有、利用本集体所有的土地。注意核心是属于国家的集体所有土地。十九大后农村土地的确权流转虽然为民宿经营提供便利，但目前土地性质仍然以国为本。备受各界关注的 2018 年中央一号文件《中共中央国务院关于实施乡村振兴战略的意见》正式对外发布。文件发布后，多个省份陆续开始出台地方文件，推进乡村振兴战略，这对民宿从业人员有着极大的影响。

首先，适度放活宅基地使用权，意味着宅基地房屋所有权归国家、村集体所有，但农民可以把宅基地房屋的使用权以转让、租赁的方式转给租户，进一步盘活农村闲置资源，激活农村沉睡资产。

其次，政策在维护农民权益、保障农民基本居住权利的同时，促进了宅基地价值增值，拓宽了农民增收的渠道，增加农民财产性收入。

此外，让有志创业者下乡投资、有条件的市民回归田园生活，这对于农民和"乡居生活"需求者来说是双赢局面，去农村租房对于需求者来说将更有保障。

政策的支持与逐渐明朗，让人们慢慢感觉到：广袤的农村市场还有很多方面待开发。现在已经有越来越多的人下乡租用空闲农房开办民宿、从事乡建项目，找寻田园牧歌的梦想。资金、人才等资源要素向农村流动。在闲置资源被盘活、农民增加收入的同时，农村将越来越有向心力，越来越有活力！

 小结

民宿经营过程中，一定要处理好在地化关系，做到与乡村共荣共生，你的民宿才能长久。

在签订农村宅基地租赁合同时，需知道以下几点。

（1）农村集体建设用地属于农用地的土地流转，法律是允许的，但是必须要和农民签订正式的流转合同。

© 白鸟集

（2）最好到村委会备案，租赁时间最长不得超过 20 年。

（3）农村宅基地自建住房，房屋的产权难以得到保护。

小规模的房屋租赁可以直接与村民签订租赁合同，一旦产生纠纷，如果无法通过协商解决，即可诉诸法律寻求帮助。如果是较大规模的民宿投资，涉及多间民宅、多个所有人的租赁，建议不直接与村民对接，以减少不必要的沟通成本与后续纠纷。这里分享一下北京山里寒舍的运营模式。

在山里寒舍的带动下，干峪沟成立了旅游专业合作社，着眼于干峪沟村独特的自然人文资源以及特殊的旅游市场需求，有效推动土地、房屋流转，在不改变所有权的前提下，村民以房屋、果树、土地入社，化零为整，委托企业统一管理。利用这些废弃或闲置的宅基地（或集体土地），以 50 年租用、二套闲置房入股合作等形式，改造建设 40 套创意乡村民居及 15 亩公共配套功能设施，形成了山里寒舍创意乡村休闲度假区。在这一项目中有两点值得借鉴学习。

（1）最大程度保障农民权利。北庄旅游开发公司与干峪沟村村民签署了一份为期 20 年的委托经营合同。20 年之后，如果村民对现有的经营状况和收益表示满意，可通过召开村民代表大会的形式，优先续租给开发企业。如果开发若干年后，根据村民意愿，可将项目经营权、基础设施、房屋和土地使用权一并交回他们手中，也可以继续由开发企业经营。这种模式，最大程度地保障了农民的土地所有权。

（2）最大程度确保农民收益。山里寒舍为居民提供了租金、分红以及工资等多种收益形式，全村人均年收入达 2 万多元，在企业就业的社员年收入超过 5 万元。出租房屋、土地、果园等均可以获得租金，还可以入股合作社，按照经济效益和入股比例获取一定的分红，另外北庄镇政府还监督企业，为村民优先安排社员就业，为农民提供土建维修、客房服务、安保巡逻、卫生保洁、农场耕作、果树管护等力所能及的工作。山里寒舍还吸引了本地青年回流。现在山里寒舍的客房部主管、餐饮部主管、大客户经理，都是北庄镇土生土长的子弟。

真正地通过民宿产业的发展、乡建项目的推进，盘活了乡村，带动了就业，同时减少了不必要的冲突与矛盾，这也是山里寒舍拥抱资本的基础。

 小结

乡村民宿的发展，要在合法的前提下，解决在地化关系。只有共荣共生，才能做到持续发展。在地化关系不仅包括与村民、村集体、村组织等的关系，还包括供应链、消费者等多方面关系的协调与维护。

02
设计推进

第二章

形象：确定自身形象，吸引同频的人

一、自身定位，穿好衣服再出门

《定位》一书介绍了一个重要的概念：定位的要义是在消费者的心智上占领一个有价值的位置。如同两个人见面，你的穿着打扮，所呈现出来的气质，会直接影响面见人对你的评价和看法。因此定位普遍适用于初次见面的场合，对人来说，初次见面的可能是客户、面试官以及相亲对象的家长，第一印象十分重要；对民宿来说，民宿是何种定位，呈现出怎样的气质，直接决定消费者的印象，并会结合自身考量，该民宿是否与之匹配。

随着旅游业的迅速发展和市场需求的升级转变，乡村旅游的产品类型日益丰富，产品名称也呈现出多样化。住宿产品在世界范围内不断发展，其中延伸出了家庭旅馆、农家乐、洋家乐、精品酒店、民宿等一系列住宿产品。虽然这些产品名称各异，但有着共同的基本特征——以自有租房或长、短租房为依托，自主经营，为游客提供简单食宿等。直至今天，以民宿为首的住宿类产品已成为乡村旅游乃至旅游活动中最基本、最常见，也是发展最持久的产品类型，是旅游产品中不可忽视的重要组成部分。

◎大理回声客栈

而随着消费诉求的不断提升，人们对此类住宿产品也有了更高的要求。更多家庭出行的人们不再选择家庭旅馆、农家乐等产品，而是选择入住民宿，并且对于民宿有着极高的要求。正是由于这样的市场需求和自身的发展需要，民宿产业也在不断地衍生出众多类型。市场依据地理位置、产品功能、资源基础、品质等级等，让民宿也呈现出多元化的发展和迭代。而民宿业态的发展和迭代，其实都是遵循市场发展和需求的结果。

从最早的云南客栈民宿，到莫干山民宿，再到全国各地，民宿在我国发展不过七八年的时间，却迅速在旅游住宿板块的中、低、高端市场占有一席之地，从各大预定网站的数据来看，当下我国每间民宿的单日定价在百元到数千元不等。而这些不同水平的民宿市场其实也是"鱼龙混杂"的，但之所以能够保有相应的市场，就是因为采用了适合自身的产品定位，从而吸引了与之匹配的目标消费用户。

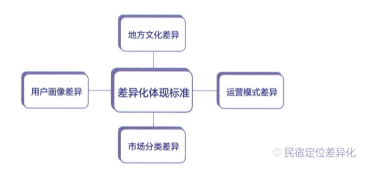

◎ 民宿定位差异化

而对于不同水平发展的民宿业态，随着市场不断增长的需求和消费能力，需要有新颖的、特色的民宿产品脱颖而出，反之就会消失于民宿业态的洪流当中。好的产品定位可以让民宿在行业竞争中拔得头筹，并且形成独特的产品 IP，收获与之匹配的消费群体。那么，产品定位要符合以下标准。

1. 差异化体现

简单来说，差异化是指你的民宿与其他民宿相比所具有的特色和文化内涵。随着民宿的发展，民宿同质化的现象已经出现，数量一多，就像是在重复模仿，模仿的多了，就不知道何谈差异化了。其实，差异化是体现在多个方面的。

1）地方文化的差异

从繁华热闹的都市到安静祥和的乡村，旅游者更想感受的是原生态的乡土建设、自然的生态景观、浓郁的乡土气息与让人放松的生态环境，你要意识到你卖的并非房间，而是自然景观、人文风情、独有的特色，让游客有所触动和感悟。

当你在做乡村的建筑时，环境作为农业文明的一种载体，维护老房子在某种意义上也是在延续历史文脉，这需要我们首先要学会对传统的尊重。在老房子的改造过程中，要在满足新的使用需要和美学诉求的基础上尽量保持原建筑的历史形态和建筑韵味，保护乡村景观的原真性与本土文化，深度挖掘乡村文化内涵是民宿建造中不可或缺的关键，也是差异化产生的点睛之笔。

2）用户画像的差异

民宿与城市里金碧辉煌的五星级酒店相比，除外在建筑形式、人性化服务外，最大的差异应该是主人文化，有主人的民宿才有灵魂。

带着主人与众不同的情怀和审美品位，入住民宿就是融入民宿主人的生活。此时的旅客并不只是住了几间房、睡了几张床，而是在享受个性化的生活。

> **小结**
>
> 民宿定位首先要考虑的就是差异化，即其与其他民宿的不同卖点以及优势，这决定着该民宿是否能够吸引潜在的消费者。

3）市场分类的差异

民宿市场无疑是庞大的，随着这几年的快速发展，越来越多的各界优秀人才投身民宿市场。当然，哪里有市场哪里就有投资商，随着投资商的加入，民宿市场火到一发不可收拾，甚至市场上很多农家院、民俗户性质的住宿业也纷纷打出了民宿的招牌，价位从几十到几百不等，导致民宿市场鱼龙混杂，民宿品质更是参差不齐，这也直接影响了众多消费者的民宿体验，甚至让很多消费者对民宿的认识还处于农家院的阶段。

当然，这些现象在国家还没有标准化管理之前是没办法杜绝的，甚至这些低成本还能让引流的伪民宿越来越多，当然它们所面对的被市场洗牌的威胁也会越来越大，而你要做的是如何从这个大市场脱颖而出，好的民宿从来不缺市场，就看你如何带动市场发展。

4）运营模式的差异

一个民宿的好坏与后期的运营是紧密相关的，无论是线上运营还是线下运营都离不开活动策划和渠道宣传。虽然民宿的经营规模小，但是现在很多宣传渠道都有一些局限性，拥有好的宣传渠道和好的运营模式并非易事，也并不是适用于所有民宿，还应在线下运营中发现问题，改善问题，只有不断改进，逐渐形成适合自己的民宿运营体系才是关键。

民宿类型分类	
发展类型	传统民宿和现代民宿
地理位置	乡村民宿、城市民宿、景区民宿
服务功能	单一服务型和综合服务型
规模类型	居家散落型、单独打造型、小簇集群型
层级分类	一般民宿、精品民宿、潮流民宿
产权结构	传统民宿和社会型民宿

◎ 不同民宿类型

2. 市场定位

以民宿朝圣之地莫干山为例，莫干山民宿以 2007 年裸心谷的进入拉开帷幕，一度以洋家乐闻名于外。当时的市场，周边除了农家乐、家庭旅馆外，就只有一些国营宾馆、星级酒店，一到旅游旺季，卖床位便成了现实所趋，游客不仅毫无住宿体验感，还可能会因为订不到房间而匆匆结束旅程，当时全国各地基本都是类似的情况，所以如果当时你选择在当地开一家农家乐，无疑会被市场逼迫至重新洗牌。

如今，相较于传统酒店和农家乐而言，精品酒店与客栈民宿越来越受广大市场的青睐。这两年，国内旅游住宿业市场"生活方式"理念不断强化，甚至有一些精品酒店与客栈民宿开始走资本主义路线，大范围地扩张，比如 2018 年 5 月，诗莉莉宣布完成 B 轮和 B+ 轮融资，累计共获 1 亿元人民币，此前诗莉莉曾在 2016 获得 Pre-A 和 A 轮共计 1.3 亿元融资。此次融资背后，除了反映诗莉莉品牌本身的强大运营能力外，也透露出资本市场对精品酒店的关注。而诗莉莉创始人许鑫明表示，本轮融资将用于规模扩张和消费体验优化。

当然，除了诗莉莉的融资动态外，罗望也先后与雨和资本、泉州古城新门文旅产业有限公司达成战略合作，通过资本力量，推动其在文旅产业的发展。在政策的东风下，精品酒店与客栈民宿的发展也迈入了新台阶。

由此看来，未来精品酒店、客栈民宿将呈现大规模复制、扩张的趋势，要想从中脱颖而出，产品特色各方面都不容小觑。据调查统计，截至 2017 年年底，国内民宿及精品酒店在旅游住宿业市场中的体量占比尚不足 1%。近 10 年间，精品酒店及民宿整体呈现周期性增长规律。因受选址及筹建时间、成本等因素限制，民宿及精品酒店在我国仍属"小众"。

随着消费升级，人们对生活品质需求不断提高，国内民宿及精品酒店的市场也不断扩大。在此环境下，民宿经营者又该如何去发掘市场呢？笔者从以下几个方面加以分析。

© 大理回声客栈

1）结合乡村市场，融合乡土文化

民宿产品是依托当地乡村文化的特色住宿产业、人文环境和历史资源而生。随着旅游产业的发展，民宿产品逐渐被人们所青睐，市场需求量也越来越大，它的开发也随之出现了规模化、批量化、同质化的现象。

并不是所有的民宿都能对客户产生吸引力，很多客户对民宿的认可不仅仅体现在舒适度和房间的构造上，还体现在民宿所在地的乡土文化气息上。因此，在考察民宿市场时，一定要结合当地的乡土文化，利用乡村文化氛围和环境资源，通过建筑设计、产品创新等方式，为客户提供具有民乡民宿的居住体验。

小结

市场定位是通过对市场消费情况进行分析，从而更确切地知道应该经营何种类型的民宿。

2）重视区域发展环境

民宿的发展受到外部和内部发展环境的双重影响。从外部发展环境来讲，民宿往往出现在城市周边或资源较好的景区周围，换言之，民宿的发展不具有均一性，而是某些特定区域的产物，这就意味着在民宿发展的初级阶段，要适当依托当地的优势资源或特色主题借势而为，不过也不排除让民宿自身成为旅游焦点的可能，但旅游发展的大环境仍是不可忽略的重要因素。

从内部发展环境来讲，个体民宿作为一个经营单体，自身体量过小，难以与市场有效对接，因此，民宿经营者需要树立共同富裕、区域合作的发展理念，积极与周边景区共谋合作，主动加强与同行的合作，并不断创新开发本地旅游业态，从而形成多元盈利模式，增强抗风险能力。

例如，台湾垦丁民宿片区，依托景区形成了四大发展区域，规模效应显现；位于厦门市的鼓浪屿民宿，依托海岛风情及特色建筑，已形成约 1200 家的民宿集群，为民宿及周边景区的发展营造了有利的发展环境；云南丽江古城民宿也依托玉龙雪山、泸沽湖等景区，形成了具有自身特色的住宿产品。

民宿定位策略
1. 做好目标市场调研分析
2. 挖掘潜在产品需求定位
3. 预先分析用户画像特点
4. 建模测试民宿产品意向度
5. 差异化卖点挖掘整理
6. 确定营销战略战术方案

© 民宿定位要求

3）顺应游客消费需求

伴随着旅游消费升级，个性化、品质化的旅游方式备受追捧，游客不再满足于标准化的旅游产品和低品质的服务设施，转而更加关注个性化、特色化、品质化的旅游产品和旅居方式。所有这些因素的影响，都会促使游客提升对旅游产品档次和旅居服务的要求。随着游客消费需求的提升，以往的旅游产品和服务已不能满足现代游客的消费需求。

这意味着民宿要承接两个主要方面的变化。一是民宿产品的变化。对于民宿经营者而言，要深刻意识到游客消费需求的变化，应及时更新服务条件和产品业态，保障民宿的建设既要充分展现当地乡土文化，又要通过对周边生态环境和内部住宿设施的改造，为游客提供高品质的消费需求。二是民宿服务的变化。民宿经营者要重视软环境的打造，通过提高自身服务水平，来应对不断变化的消费市场需求。例如，莫干山裸心谷的高端度假乡居，通过外部环境营造和内部设施改造，满足了度假体验及高端商务需求，带来了巨大的消费市场。

3. 吸引人群

随着消费的升级，民宿的住宿人群渐渐偏年轻化、家庭化，大多都是 80、90 后，因此 80、90 后已然成为客栈民宿主要的消费群体。据数据显示，截止到 2016 年，中国客栈民宿的预订用户有 51% 为 26~35 岁，38% 为 18~25 岁。据木鸟短租发布的"2016 年第一季度消费群体分析数据"显示，在使用其平台预订民宿的用户中，高达 48% 的人为月收入低于 2500 元的 90 后，同时，42% 的用户收入为 9000~16000 元，剩余 10% 为中间收入群体。

年龄占比	百分比
26～35	51%
18～25	38%
35 以上	11%

收入占比	百分比
2500 以下	48%
2500～9000	42%
9000 以上	10%

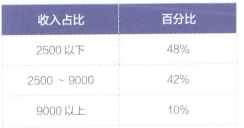

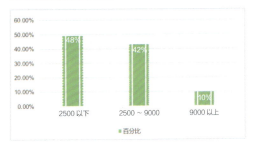

◎ 民宿消费人群占比分析

根据这些数据，设想民宿的主要针对人群是哪些。人群分析和选址一定是有必然关系的，如果民宿在莫干山，那么上海、杭州、江苏、南京等地两个小时以内车程区域的人群，都属于目标人群，进而再去分析民宿所针对的人群是哪个年龄段的，定价更适合哪类人群。如果民宿的定位是大城市的白领、中产阶级,那么应该考虑这类人群是否有车、有房、有小孩,他们平常会不会带着家人去路程不算太远的地方游玩,他们会不会有一些特定的出行的消费习惯。为了吸引他们来到民宿,应当了解他们的生活方式以及各方面的消费偏好。

其次,应该适当地分析市场上消费民宿的人群哪类偏多,他们的平均收入是多少,他们具有哪些共性,他们最向往的是什么。比如:在大城市里工作的白领,他们每天生活在钢筋水泥、空气污染、喧闹嘈杂的环境中,身上背负着生活的压力,如果他们好不容易抽出时间去民宿体验,他们最想得到的是什么?

◎ 大理回声客栈

有的人可能会想要一个清新的环境、一个自由的空间、一个安静舒适的住宿体验,而大部分民宿都可以轻易地满足这些需求,人们完全可以找个距离近、价格实惠的乡村民宿,为什么要特意大老远地开车过来,花更多钱来住你的民宿呢?

民宿应当有自身的特色,比如:民宿主在朋友圈时不时地发一些诗酒花茶或精美的软文,营造一种令人羡慕的生活方式,这可能会吸引一些网红前来体验,他们体验后的良好感受将会成为民宿的免费宣传。当然,这也要建立在你们互为微信好友的基础之上。

总之,你是什么样的人,就能吸引什么样的人,让这些人自主或被动地去吸引他们能吸引的人群,形成黏性,这样你就能影响和吸引更多同频的人群。

 小结

做民宿就是要让人来,让符合民宿风格的消费者进入。前期策划阶段就需要通过民宿定位甄选所能辐射的范围。

4. 投资回报

近年来随着民宿的兴起，多类资本力量在短时间内的大量涌入加剧了民宿市场的竞争，装修成本、租金等前期投入也在一直高涨。以莫干山周边为例，约5年前，一栋民居一年的租金为5万～10万元，近年来却飙升至20万～30万元，装修成本也上涨至百万起。按照现有的标准，一栋10间以下客房的民宿，装修成本在120万元以上，年租金为20万～30万元，一栋民宿的前期投入就得180万元以上。投入实际运营之后，按照民宿中端市场的行情，一间客房一日的定价为400～600元，莫干山周边民宿的平均入住率在7成左右，将人员工资、日常损耗都计算在内，一栋民宿的投资回报期为3～5年。而一些非热点景区周边的民宿，租金相对较低，而且在地理位置偏远、淡旺季分化、营销成本过高、入住率低等多方面因素的共同作用下，投资回报期将更长。

相比于其他产业来说，民宿的体量普遍较小，投资总量可控，是理想的轻投资、快收益的投资平台。一方面，中国房产租金收益率持续降低，中国的房屋租金回报周期远远超过国际标准周期。另一方面，中国压抑已久的民宿市场将迎来爆发期，各方资本，根据博思数据发布的《2016—2022年中国民宿行业分析及投资机遇预测报告》显示，到2020年，我国民宿行业营业收入将达到362.8亿元人民币。

◎ 大理回声客栈

立体式、多方位的投资方向：近几年，各方资本相继进入民宿行业，投资方向是立体式、多方位的，不但可以利用自有资金直接投资，而且还可以带动各方资金一起投资；不但可以投资民宿客栈本身，而且还可以投资产业链的各个环节。

多元化、大众化的投资主体：目前投资民宿行业的资本方的构成比较复杂，包括专业的资本运作机构、资本巨鳄以及民宿产业链相关的资本方。

但是并不是所有的民宿资本方都会对投资感兴趣，专业的资本运作机构倾向于投资民宿预订平台、相关民宿的金融产品，资本巨鳄则是倾向于高端民宿。

当然也可以选择最近很流行的众筹方式，对于自然投资人而言，众筹是可以分摊风险的投资途径。虽然民宿规模具有可控性，但是相对于酒店而言，民宿作为新生事物，其风险依然存在。同时，用民宿做众筹有着广泛的市场参与人群，民宿众筹具有相当大的市场空间。

目前，众筹非标住宿（即非标准住宿，包括客栈、民宿、公寓、精品酒店、度假别墅等）、利用资本加快民宿布局的局面已经形成。民宿处在新的"风口"，多方势利争相分割市场蛋糕，资本的迅速涌入推动了民宿行业的快速发展，但也加速了行业洗牌，民宿行业的转型升级势在必行。

小结

准备做民宿之前，要制订全面详尽的市场调研方案，其中包括产品定位、市场定位、人群画像、投资收益等内容。通过对以上调研数据的分析挖掘，从而更客观、更科学地制订民宿的经营计划及周期性运营策略。

二、空间设计不仅要美观，更要合理

1. 设计成本预算与设计师的选定

有些施工单位投标价格高低不一，甚至还有些施工单位联合串标，使得人们无法对合理价格做出准确判断，麻木追求中标，从而导致中标价格可能是经过施工单位抬价后的高价，也可能是低于成本的价格以致出现豆腐渣工程。或者在开标过程中，没有专业人士对技术标中的施工方案、施工进度计划横道图、网络图、劳动力计划安排进行评审，导致很多二、三流企业，乃至挂靠单位以低价中标的渠道进入集团承包基建项目。还有些施工单位战线拉得太长，导致资金、机械设备、人力资源周转困难，从而影响工期。因此，在动工前需对项目进行详细的分析，对成本做出预算，确定准确的施工价格，以达到高质量。

首先，应有一套完善的图纸及一份高质量的工程量清单。然后，找施工方面的相应专业人士进行评审，对技术不够成熟或实力不够的施工单位予以否决。对施工单位做出明确规定：施工单位如果手头拥有其他在建项目不得参加自己项目的施工，以确保工期的正常进行。如此操作，可缩短招标时间。

确定好预算和施工队后就可以开始挑选设计师了，一般考虑以下4个要素。

1）设计成本预算

一般情况下，一个民宿工程的设计费不会高于建筑工程费的10%，建筑面积越大，设计费的占比就会相应越小，不同地区的设计费也不同。

2）设计师的经验

民宿不像普通的建筑设计产品，建议找有相应落地经验的专业的民宿设计师。如果你的民宿在山区，那里的气候、地质和平原是完全不一样的，山区里一般没有自来水管道和排污管道，这些都得新建，所以找一个有建筑民宿经验的设计师能省很多力。

3）现场服务

很多设计师都不参与后期的现场指导，所以一定要和设计师商量好，以确保设计师不定时地到现场指导，校核施工图的完成情况。

4）注重互助推广

选择设计师时，可以考虑选择知名设计师，因为知名设计师自带粉丝量，可以借助设计师的名气达到很好的宣传效果，这样在民宿开业推广前期则不需花费太大力气。

2. 民宿和酒店中常用的5种设计风格

1）现代风格

现代风格即现代主义风格，是工业社会的产物，起源于1919年包豪斯学派，提倡突破传统，创造革新，重视功能和空间组织，注重发挥结构构成本身的形式美，造型简洁，反对多余装饰，崇尚合理的构成工艺，尊重材料的特性，讲究材料自身的质地和色彩的配置效果。现代风格大体包括后现代风格、新现代主义，整个空间的设计充分体现出简洁、实用的个性化空间，空间的色彩比较跳跃、空间的功能性比较多。现代主义的装修风格有几个明显的特征：一般会选用不锈钢、铝塑板或合金材料作为室内装饰及家具设计的主要材料；在功能上强调现代居室的视听功能或自动化设施；以家用电器为主要陈设；构件节点精巧、细致；室内艺术品均为抽象艺术风格。简约、简洁、空间感很强是现代主义风格的特色。

2）现代中式风格

现代中式风格也被称作新中式风格，是中国传统风格文化意义在当前时代背景下的演绎，是对中国当代文化充分理解的当代设计。现代中式风格的设计，并不是简单地将两种风格合并或将其中的元素进行堆砌，而是要认真推敲，从功能、美观、文化含义、协调运用传统文化和艺术内涵或对传统的元素作适当的简化与调整等方面，对材料、结构、工艺进行再创造，格调上显得简约、时尚。

民宿设计风格	
欧式简约：麦芽庭	日式和风：不足
工业风格：栖迟	惬意田园：隐居西湖
禅意风格：斐文上客堂	特色民族：阿若康巴
民国怀旧：书房	明清古风：书香阁
自然风情：过云山居	文青格调：米造民宿

注：部分来自自媒体"私享时代"

◎ 设计风格种类

◎ 1~4 千岛湖—西坡

现代中式风格在空间设计上比较讲究层次,用实木打造结实的框架,固定好支架后,中间用棂子雕花做成古朴的图案。家具陈设讲究对称,重视文化意蕴。配饰多为字画、古玩、卷轴、盆景等,并用精致的工艺品加以点缀,以显主人的品位与尊贵。木雕画以壁挂为主,更具有文化韵味和独特风格,体现出中国传统家居文化的独特魅力。

3)欧式风格

欧式风格按照不同的地域文化可分为北欧、简欧和传统欧式风格。欧式风格在形式上以浪漫主义为基础,装修材料常用大理石、多彩的织物、精美的地毯、精致的法国壁挂,整体风格豪华、富丽,充满强烈的动感效果。一般的欧式风格,会给人一种豪华、大气、奢侈的感觉,主要特点是采用了罗马柱、壁炉、拱形或尖肋拱顶、顶部灯盘、壁画等欧洲传统的元素。

4)新古典主义风格

新古典主义风格其实是经过改良的古典主义风格。新古典主义风格从简单到繁杂、从整体到局部,精雕细琢,镶花刻金都给人一丝不苟的印象。虽然新古典主义风格保留了材质、色彩的大致风格,但是人们仍然可以从中强烈地感受传统的历史痕迹与浑厚的文化底蕴。这种风格摒弃了过于复杂的肌理和装饰,简化了线条。

© 米造民宿

5) LOFT 风格

"LOFT"的字面意义是仓库、阁楼，这个词在二十世纪后期逐渐流行，并且演化成了一种时尚的居住与生活方式，其内涵已经远远超出了这个词汇的字面涵义。这种起源于欧美、被称为 LOFT 的居住方式正在广州、上海、北京等地悄悄兴起，并被作为一种"家"的时尚得到推崇。

当然，随着科技的进步和社会的发展，人们的思维方式和审美眼光也在发生着变化，不再拘泥于一个风格，而是尝试着从各种风格中探寻自己喜爱的元素，再按照个人风格将它们融合起来，这不仅模糊了风格间的界限，也创造了各种独一无二、别出心裁的混搭风格，经典而又充满艺术感的室内设计既趋向现代实用的特点，又汲取了传统元素的特征，并在装潢与陈设中融汇当地的文化特色，与自然景观相结合，保留乡土文化的同时也增添了一些特有的设计色彩。

小结

民宿空间设计不能"假、大、空"，要兼顾美学和功能性。不具备美学标准的设计不能称之为设计，不具备功能性的设计是不实用的设计。

3. 民宿设计的评判和审定（包含动线、功能及设计艺术的合理性）

设计的评判和审定是在设计师作品完成后民宿主人根据实际情况评判和审定这个设计的合理性，因为一般的民宿主都不是专业开发商的甲方，也没有独立的部门来做设计审定，所以凡事都得靠民宿主自己亲力亲为。

首先，应从非专业的角度判断设计的合理性和逻辑性，分析设计的原因，并考虑具体能设置几间客房，除了外观设计得好看之外，也得考虑实用性的问题。

其次，应会看设计图，那么作为非设计专业的民宿主应该如何理解民宿设计图，如何判断图纸的合理性及好坏呢？应注意以下几点。

◎ 米造民宿

（1）要求设计师设计三维立体效果图。让自己以客人的身份从进入民宿那一刻起感受不同的客房、不同的区域。通过动线和功能布局去发现民宿中一些合理和不合理的地方。

（2）保证民宿能尽可能地呈现周边景观，如果你是客人，站在民宿窗前会看到怎样的景观呢？

（3）保证客房私密性。所有的客房都要尽可能地保证绝对的私密性，客房之间要隔开。客房最好拥有独立景观，比如：私人小阳台、小院落，设计独立院落时一定要避免和其他院落的视线交叉。

（4）客房与公共空间面积占比。一般客房面积应控制在 25～35 平方米，过大会显得房间太过空旷，只能增加家具量进行填充，增加了不必要的成本；过小则会不舒适，所以一定要控制好相应的比例。

（5）设计可行性。设计师要控制大体预算。民宿主需要和设计师提前沟通预算成本，最好亲自去建材市场询问一下价格。基本预算一般可划分为三个部分：土建、硬装、软装。这三个部分的费用基本是三等分的比例，装饰品质不同，比例也会相应地有所浮动。

> **小结**
>
> 民宿设计是前期工序中重要的环节之一。首先，民宿应当是美的，这就需要考量设计师的功底；其次，民宿应当是在地化的，设计风格及表现形式都应当与当地结合；再次，民宿应当是用于体验的，因此，功能性的设计显得尤为重要。设计工作是有生命周期的，因此需要有合理科学的评审把控。

三、建筑施工：施工是个见证功底的环节

1. 施工队的筛选

首先，应根据实际情况考虑施工预算；其次，应做相应的人员安排，一定要安排一个监理，让他负责从设计开始到施工完成的全部监督和对接工作。

选择施工队时，关于土建部分，建议选择本地的施工队，因为他们对本地熟悉，而且土建部分不会涉及太多精细的工作，选择规模大一点的施工队会比较得心应手，而且建造速度相对来说也会快一些。

内装部分，最好选择熟人或者熟人介绍的人装修，当然在此之前也需考察一番，以确保万无一失。

造价方面，装修公司的收费比施工队高很多。如果用施工队，整个房屋装修下来可节约20%左右开销，该费用包括销售人员、设计师、监理人员等的提成、各种管理费用和经验费用。

选择装修公司时，一定要考察装修公司的口碑，筛选靠谱的装修公司，否则花了冤枉钱，也未必能装到理想效果。谨防有些较差的装修公司接到活后把工程转包给施工队，最后装修质量不仅没有保障，还多花不少冤枉钱。

与施工队合作的几点标准	
做好项目整体计划	明确项目的工期及预算
了解施工队施工案例	民宿主、设计师、施工方三方对话
实时了解施工现场动态	详细了解用材、施工质量
及时验收：发现问题、及时解决	平等对话，良性沟通，互相尊重

◎ 与施工队合作的几点标准

装修时容易出现增减项目的修改。如果选择的是装修公司，一旦需要中途修改项目，就要先和业务员、设计师、监理人员等沟通，不然不仅要任凭装修公司摆弄，还会增加不少"沟通费"。如果选择的是施工队，中途修改项目只需直接和工长沟通，但也存在加钱等尴尬局面。

所以施工前一定不要相信"一口价",如果有,一定要认真核对施工材料和工艺品质,否则就会面临被坑局面。

一般施工队没有专业设计师,都是工长兼职,装修出来的整体效果比较差,没有具体的风格特点和设计理念。所以一定要找相关专业的设计师,当然如果你自己就是设计师那就太棒了!

一般情况下,施工队都是私人队伍,没有固定的办公地点,可能会出现"拿钱跑路"的现象。装修公司有固定地点,但是毕竟都是租的,倒闭跑路的大公司也不在少数。所以一定要和施工方签好协议,款项最好分三次或者三次以上交付,这样可以通过每一个阶段的付款制约对方。

2. 施工前期的注意事项

民宿正式施工前的注意事项如下。

1)下水道和污水处理

很多卫生间反味,大多是因为下水管和污水管没有处理好,这是根源问题。两根管分别从室内延伸到室外的市政管道,可如果市政管道中不分下水管和污水管,在房间里将两根管分开也没有意义,所以在施工之前一定要和市政人员沟通,弄清楚市政管道所在的位置。

2)屋内取暖问题

大部分地方冬季特别冷,没有暖气是不行的。空调取暖虽然便宜,但会让人感觉很干,容易产生不舒适的感觉。一般民宿都会选择地暖或者空气源热泵,地暖一旦铺好就很难维修了。如果房型为复式结构,在二层没有地暖的情况下要注意预留空调出风口的位置。不然根据一般复式结构将卧室设置在二层,就会造成房屋夏天闷热、冬天寒冷的状态。

3)电力问题

一般民宿用电功率会比居民用电功率高很多,空调或地暖全部开启的时候,可能会因用电功率过大而跳闸,甚至还有可能导致危险的火情发生。所以一定要提前做好电力增伏的准备,尽量选择经验丰富的强电电工师傅把关,预留足够的总电缆容量,使用正规电线、电缆,确保万无一失。

民宿施工注意事项	
下水道和污水处理	屋内取暖问题
电力问题	热水系统
大型设备放置	房间隔声
房间布局	卫生间布局
房间便捷设施	无线网络

◎ 民宿施工注意事项

4）热水系统

最大热水用量最好达到 1.5～2 倍，要为浴缸设置和集中用水作出打算。

5）房间的采光和通风

设计的时候需要额外注意房间的采光度和良好的通风，如果实在达不到良好的效果就安装新风系统。

6）大型设备放置

中央空调、储存热水的大型设备室外机的噪声很大，一般会将其放置在房顶或者足够远的地面角落。如果将其放置在房顶，就要安装减震系统，否则会产生像地震似的嗡嗡响声。如果左右两边都有人住，消声也是有必要的。其次要考虑承重问题，一般 20 间房以上的都需要两个机组，一个常用，一个备用。

7）房间隔声

隔声不好是很多酒店存在的不足。很多民宿主要讲究的就是私密性，所以房间的隔声效果尤为重要。建议使用小尺寸砖墙或一些隔声效果好的相关材质，再加上隔声棉之类的材料效果会更好。

8）房间布局

电插板和照明开关的位置设置要合理，往往一些小细节最能影响入住体验。

9）卫生间布局

卫生间一定要干湿分离，如果条件允许，建议准备两个洗手池和化妆镜，以方便客人的不时之需。卫生间的地漏至少要设置两个，设置地漏时要注意地面的坡度。

10）房间便捷设施

一般入住民宿的女性高于男性，所以晾衣架、衣帽架和全身镜一定要考虑到。

11）无线网络

无线网络对入住体验的影响至关重要，客人来到民宿的第一件事大多是问店里无线网络的密码，尤其是让客人在店里的咖啡厅或者公共区域实现潜在消费变现。

小结

从理念到落地，中间隔着执行。施工过程恰恰是民宿设计的落地过程，需要把握重点，严谨认真。

3. 施工后期的维护和售后

民宿在运营过程中的日常维护是绝对不容忽视的。日常维护中应保持屋内通风；保持民宿卫生间排水系统的畅通，发现堵塞应及时疏通。在使用过程中如发现门、窗启闭不灵，附件损坏，密封胶或密封胶条脱落、损坏，构件锈蚀，螺栓或螺丝松动时，应及时修补或更换。对于室内的门锁、灯具、开关、插座、纱窗、木制品这些比较容易损坏的易耗品一定要格外注意，在选择优质产品的基础上还要定期检查和保养。

如果民宿是由老房子改造的，一定要检查老墙和新墙的衔接部分，有一些改造的老墙和新墙容易脱开，一定要定期维护，如果民宿在山区，因为树多，屋顶的瓦片很容易被树覆盖，所以要定期地翻一翻瓦片，避免瓦片上堆积垃圾，出现堵水的情况。如果民宿位于多雨的南方，一定要定期清理排水沟里的落叶和垃圾，以免阻塞排水。

民宿的用电是至关重要的，一定要定期做相应的漏电检查，特别是户外的灯，一定要提醒施工队或者设计师，不要让灯具直接被水淋到，以免发生不必要的危险。

在民宿竣工验收一年后，应对民宿进行一次全面的检查，并每隔 3～5 年做定期翻修。

小结

执行的好坏，直接决定着完美的创意能否完美落地。因此施工过程是民宿前期运营的重点，施工时不仅要保质保量，还要节约成本。同时，细节的把控也非常重要，这体现在施工的工序、铺陈、标准上。好的施工过程，能够让民宿空间的寿命延长三到五年，同时可以避免不必要的损耗。

四、软装设计：软装配饰最能体现民宿主人的品位

1. 什么是软装

"软装"，可以简单理解为一切室内陈列的、可以移动的装饰物品，包括家具、灯具、布艺、饰品、画品、花艺等。"软装"一词是近几年业内约定俗成的一种说法，迅速成为一门独立而富有朝气的艺术行当。

软装设计着重于提升室内美学环境，打造室内空间风格、彰显室内独特个性。"以人为本"是软装设计的主导思想。一个空间的陈设设计要体现出主人的品位，就要将家具、灯具、纺织品、花艺等进行合理组合，创造出符合美学的空间环境。

在如今的室内设计中，软装越来越多地被重视，甚至某些单套室内装饰中软装的造价比例已经超过了硬装基础的造价比例，这也足以表明软装在整个室内设计中的重要性。"轻装修，重装饰"已经成为业界大趋势。

软装的概念就是用一些艺术装饰手法，通过美学方式重新进行艺术组合，在花小钱做出大效果的同时，使装饰物历久弥新，甚至达到保值的目的。

◎ 米造民宿

空间风格可以根据软装配饰随心变化，空间环境艺术也能随时跟上潮流，让空间陈设艺术不落俗套、不过气，还可以随着季节、心情等变化而变化。比如：夏天的时候，给家里换上轻盈飘逸的冷色调窗帘，换上清爽的床品、浅色的沙发套等，能立刻让人感觉凉爽了不少；冬天的时候，给家里换上暖色的家居布艺，随意放几个颜色鲜艳的靠垫或者皮草，温暖、温馨感立刻升级。又或者，灵活运用其他易更新的风格元素饰品来装饰，便可以随时根据自己的心情营造出独特的风格空间。而室内的陈列物也不会因为固定安装而经受损失，反而有些工艺性强的物品随着时间的推移能更具价值，这是"重装饰"给室内装饰带来的另一个优点。

不同空间的家具选择与陈设，直接决定了客户能否住得舒适自在。精挑细选的家具，慎重考虑过的摆放位置、方式能提高居住者的生活品质，相反，不科学的设计会在很大程度上限制人们的生活方式。

比如玄关，它不仅是进出家门的地方，也是整个空间风格的起点，实用性和设计感同样重要。人们在玄关处进出往来，许多人还会在这里换鞋、穿外套和确认妆容。所以玄关柜、玄关桌和长凳一般是玄关的首选家具，再配合鲜花、简洁实用的摆件和可调节明暗的台灯便能轻松打造舒心的氛围。

当然，在空间允许的情况下，除了大件家具之外，玄关处还可添置一些小家具以配合整体风格，并增加实用性，比如放一张别致的布艺沙发用来换鞋，添一个衣帽架挂一些常用的衣物，还有显眼的装饰镜和台灯，不仅方便女性客人整理妆容，也可制造极强的视觉焦点。

 小结

> 如果说民宿设计是构建骨骼，那软装配饰则是赋予灵魂，软装配饰决定了民宿的调性和氛围。

2. 空间设计

简单来说空间设计就是要把民宿与当地的地方文化相结合，使民宿更有文化特色和自然韵味。

空间设计时应注意：一般单体的民宿设计并不像酒店设计一样追求规模和奢华，民宿主要体现自身的特色和用独特的设计风格、思想理念来满足市场人群的需求；注重每一个小细节，哪怕是一砖一瓦，一草一木，都体现出民宿的个性与文化精神；引入新的生活文化理念，挖掘民宿周围的亮点，激发民宿迸发出自己的个性、活力。

民宿软装照片展示

◎ 1~4 民宿软装照片展示

每个地方的在地文化一般都不同，可以在后期宣传时很好地将民宿的当地文化展现出来，激发游客的好奇心，构成核心吸引力。应保持一定的竞争力，在给房间客人带来舒适感觉的同时，可以通过公共空间来展示民宿的个性化服务，给客人带来一些在其他民宿享受不到的体验。空间设计的好坏也有一定的衡量标准，比如：客人进入民宿空间中是否会拍照，是否会发朋友圈，最吸引客人拍照的地方分别是哪些地方，这些都可以作为空间设计是否成功的一个衡量标准。特别是公共空间的设计，它是展示民宿个性化最直接的一个方式，如果能在公共空间的设计上取得成功，那么整个民宿的竞争力也会大大增加。

也可以把民宿作为该地区文化展示的窗口或纽带，展现一些当地的特色风情、人文雅韵，让来到这里的客户都能体验到与自己所在地文化不同的新奇感。

一定要了解客人来住民宿的原因，比如有些来民宿度假的客人追求的是一种慢生活的态度，是一种回归自然、轻松和谐的意境。所以在规划设计时就要尽可能地遵循质朴、自然的设计原则，尊重地域自然生态，营造人与自然、材料与环境的和谐。无论是建筑环境空间，还是配套业态，都应该以环保生态为出发点。

但是民宿设计并不是越旧越好，越环保越好，而是要在旧的建筑格局中赋予空间新的灵魂，带给客人像家一样的归属感，让此处成为每个人心中向往的地方！

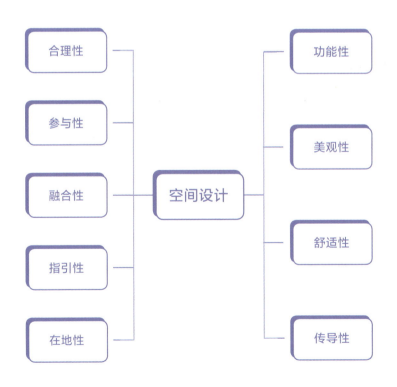

◎ 民宿空间设计九要素

3. 软装陈设（家具、装饰）

家具陈设的创意来源一般分为两种情况，自然元素与人为创造元素。自然元素就是通过提取自然文化景观中某一部分的元素，进行深化与改造并将其融入软装陈设中去；人为创造元素同样也是通过对元素进行改良，然后运用到软装陈设中去。根据对元素的提取，对其元素的形体与色彩通过提炼、变形、重复等手法演变成家具陈设中的元素表达。

比如：紫色与灰色搭配，与古典风格融合成了"低调的华丽"，多样而繁复的图案充实了视线中所有空隙，金色成为空间最灰暗角落里亮起的一点光，温暖而又热闹；将大自然的颜色巧妙融入，想象当阳光洒下的时候，满眼的鲜花和满地的青草，俏丽的粉色和鲜活的绿色充满我们的视野，此刻就将这样的清新包围在左右；用一些明亮的色彩点缀房间，让人心情舒畅，多彩而又简单的房间像充满氧气般地让人彻底放松，体验零压力的快感。

小结

民宿软装陈设需要遵循一定的美学标准，如同民宿设计时需要注意动线、灯光、色彩比例等，恰到好处的软装陈设会让人心旷神怡。

在考虑色彩搭配时，现场度量、图纸深化、家具装饰的摆放等工作都是必不可少的，那么相应的家具、装饰应该如何摆放呢？

1）对称、平衡、合理摆放

将一些家居饰品组合在一起时，可以采用对称、平衡的方式使其成为视觉焦点的一部分。如果旁边有大型家具，排列的顺序应该由高到低，以避免视觉上出现不协调感，或是保持两个饰品的重心一致。例如，将两个样式相同的灯具并列或是将两个色泽、花样相同的抱枕并排，这样不但能制造和谐的韵律感，还能给人祥和、温馨的感受。另外，摆放饰品时注意前小后大、层次分明便能突出每个饰品的特色，在视觉上就会让人感到很舒服。

2）布置家居饰品时要结合家居整体风格

先找出大致的风格与色调，依着这个统一基调来布置就不容易出错。例如，简约的家居设计，具有设计感的家居饰品就很适合整个空间的个性；民宿设计中一般自然的乡村风格偏多，就可以以自然风的家居饰品为主。

3）不必把家居饰品都摆出来

大家常常希望把买的每一样饰品都展示出来，但是摆放太多就会失去特色，可先将家里的饰品分类，将相同属性的放在一起，不用急着将全部饰品展现出来。分类后，可依季节或节庆更换布置，变换不同的入住体验。

民宿软装陈设规律	
对称、平衡、合理摆放	布置家居饰品时要结合居家整体风格
不必把家居饰品都摆出来	从小的家居饰品入手
家居布艺是重点	利用花卉和绿色植物营造生机

◎ 民宿软装陈设规律

4）从小的家居饰品入手

摆件、抱枕、桌巾、小挂饰等中小型饰品是最容易上手的布置单品。布置时可以先从这些家居饰品着手，再慢慢着手于大型的家具陈设。小的家居饰品往往会成为视觉的焦点，更能体现民宿主人的兴趣和爱好。

5）家居布艺是重点

每一个季节都有不同颜色、图案的家居布艺，家居布艺的色系要统一搭配，才能更加和谐，才能增强居室的整体感。家居中硬的线条和冷色调，都可以用布艺来柔化。春天时，挑选清新的花朵图案，春意盎然；夏天时，选择清爽的水果或花草图案；秋、冬天时，则可换上毛茸茸的抱枕，温暖过冬。随着季节的变化只需要更换不同风格的家居布艺，就可以变换出不同的家居风格，同时也能给住客带来不同的视觉感受。

6）利用花卉和绿色植物营造生机

民宿中适当地融入大自然的气息，摆放一些应季的花花草草是再简单不过的方法，尤其是换季布置，花卉更是重要，不同的季节会有不同的花卉，可以营造出截然不同的空间情趣。

 小结

民宿是有个性的，因此软装配饰也应当具有灵性。灵性的物品不是批量制作出来的，而是需要不停地去置换寻觅。

考虑好摆放的位置后，摆放的比例和尺寸也是软装陈设中需要注意的点，圣·奥古斯丁曾说过："美是各部分的比例适当，再加一种悦目的颜色。"美学中，"黄金分割"是经典的比例分配方式，可用 1:0.618 的完美比例来规划居室空间。尺度是物与人（或其他易识别的不变要素）之间的对比，不涉及具体尺寸，一般凭感觉上的印象来把握。毕竟比例是理性的、具体的，尺度是感性的、抽象的。即使整个家居布置采用的是同一种比例，也要有所变化才好，不然就会显得过于古板。

4. 生活中的色彩搭配

生活中，服装搭配较为常规，人群中最有特色的穿搭无疑是视觉的焦点，民宿也是如此，不同的色彩搭配给人带来的感觉截然不同。

在民宿的软装设计配色中，一般是以硬装的配色为基础，不要使用超过三种色彩的配色方案，应根据民宿主的喜好和设计主题出发，色彩按照主要色彩、次要色彩、点缀色彩分别占60%、30%、10%的原则进行分配。比如在室内空间中，墙壁颜色占60%，家具、床品、窗帘的颜色占30%，那么10%就是饰品和艺术品的颜色占比了。点缀色虽然是占比最少的色彩，但往往能起到最重要的强调作用。

	百分比	说明
主要色彩	60%	一般为墙壁等主体空间色彩的占比
次要色彩	30%	通常为家具、床品、窗帘等次级色彩的占比
点缀色彩	10%	此类为小摆件及艺术品等色彩的占比

◎ 民宿空间设计三色标准

当然，最重要的一点是要先考虑空间的功能，根据所需的不同功能来搭配色彩。

在大型空间中，暖色和深色可以让大空间显得温暖、舒适。强烈、显眼的点缀色适用于大空间的装饰墙，用以制造视觉焦点，比如独特的墙纸或者手绘。尽量避免让同色的装饰物分散在屋内的各个角落，这样会使大空间显得更加扩散，缺乏中心，将近似色的装饰物集中陈设便会让室内空间聚焦。搭配时要从天花板到地面纵观整体，必须协调好从天花板到地板的整体色彩。最简单的做法就是给色彩分重量，暗色最重，用在靠下的部位；浅色最轻，适合天花板；中度的色彩则可贯穿其间。如果把天花板刷成深色或是和墙壁相同的颜色，就会让整个空间看上去较小、较温馨，相反，浅色可以扩大空间，能让天花板看上去更高一些。

在小型空间中，清爽、淡雅的墙面色彩的巧妙运用可以让小空间看上去更大；用鲜艳、强烈的色彩进行点缀会增加整体的活力和趣味；还可以用不同深浅的同类色叠加以增强整体空间的层次感，让其看上去宽敞而不单调。

色彩支配统一性。做民宿设计时，使用一个比较突出的色彩，哪怕只是一个点缀色，让其他色彩围绕这个色彩展开。比如，选择的花卉是酒红色时，窗帘、画品、饰品、布艺等都采用带有酒红色的色调，整个空间就会显得比较协调。

三色搭配最稳固。在设计和方案实施的过程中，空间配色最好不要超过三种色彩，不包括白色、黑色。同一空间尽量使用同一配色方案，形成系统化的空间感觉。

空间配色次序很重要。空间配色方案要遵循一定顺序，可以按照硬装—家具—灯具—窗艺—地毯—床品—靠垫—花艺—饰品的顺序进行搭配。

善用中性色。黑、白、灰、金、银五种中性色主要用于调和色彩搭配，突出其他颜色。它们给人轻松的感觉，可以避免疲劳，其中，金、银色是百搭色。

◎米造民宿

民宿色彩搭配十大禁忌如下所示。

1）红色不宜作为空间主色调

居室内红色过多会让眼睛负担过重，为了达到喜庆的目的，只需用窗帘、床品、靠垫等小物件进行点缀。

2）橙色不宜用来装饰卧室

生机勃勃、充满活力的橙色会影响睡眠质量,将橙色运用在客厅可以营造欢快的气氛,运用在餐厅能诱发食欲。

3）黄色不宜在书房使用

长时间接触高纯度黄色,会让人产生一种慵懒的感觉,可适当地在客厅与餐厅适量点缀一些黄色。

4）紫色不宜在房间内大面积使用

局部使用紫色可以显出高贵和典雅,但大面积使用会使身在其中的人有一种无奈的感觉。

5）蓝色不宜在餐厅、厨房和卧室大面积使用

蓝色会让人没有食欲、感觉寒冷并不易入眠,蓝色作为点缀色可起到调节作用。

6）咖啡色不宜装饰在餐厅和儿童房

咖啡色含蓄、暗沉,会使餐厅氛围沉闷而忧郁,也会影响进餐质量,在儿童房使用会使孩子性格忧郁。咖啡色不能搭配黑色。白色、灰色和米色都可以作为咖啡色的配色。

民宿色彩搭配十大禁忌	
1）红色不宜作为空间主色调	2）橙色不宜用来装饰卧室
3）黄色不宜在书房使用	4）紫色不宜在房间内大面积使用
5）蓝色不宜在餐厅、厨房和卧室大面积使用	6）咖啡色不宜装饰在餐厅和儿童房
7）粉红色不宜在卧室大面积使用	8）金色不宜用来作为装饰房间的唯一用色
9）黑色忌大面积运用在居室内	10）黑白等比配色不宜使用在室内

◎ 色彩搭配禁忌

7）粉红色不宜在卧室大面积使用

粉色容易给人带来烦躁的情绪,尤其是浓重的粉红色会让人精神亢奋。如果将粉红色作为点缀色,或将颜色的浓度稀释,淡淡的粉红色墙壁或壁纸可营造温馨的氛围。

8）金色不宜用来作为装饰房间的唯一用色

大面积金色对人的视线伤害最大,会使人神经高度紧张,还容易给人留下浮夸的印象,但用金色勾勒点、线能够创造出富丽的效果。

9）黑色忌大面积运用在居室内

黑色是最沉寂的色彩,容易使人产生消极心理,与大面积白色搭配才是永恒的经典,在饰品上使用纯度较高的红色进行点缀,会显得神秘而高贵。

10）黑白等对比色不宜在室内使用

长时间在这种黑白等对比色的环境里，会使人眼花缭乱、紧张、烦躁、无所适从，以白色作为大面积主色有利于产生良好的视觉感受。

> **小结**
>
> 民宿软装配饰能够起到画龙点睛的作用，在令人舒适的氛围中，恰到好处的配饰能够使人印象深刻。软装则属于设计的延伸，从感官的多重维度加深消费者对民宿的印象。民宿内的各个部分都能作为点睛的配饰，要善于利用民宿空间内的诸多元素和物品。

五、空间氛围：不断地进行空间氛围的提升

1. 园林景观

久居钢筋水泥、繁华喧闹环境中的城市人渴望诗意的栖居地，渴望躁动的灵魂有处安放。他们觉得以自然生态资源为依托的民宿能够满足他们对诗意生活和田园情怀的向往。清新怡人的山居环境、质朴独特的建筑风格是乡村民宿的亮点所在，也是吸引客人最重要的因素。纯原生态的自然景观虽生机勃勃，但缺乏灵动与雅致，甚至让人感觉杂乱无章。因此，规划设计就显得格外重要了。

在条件允许的情况下，园林景观的设置要因地制宜。如果山区中有很多景观，则利用好民宿周边的景观即可，但是如果没有可以利用的景观，那就需要打造庭院空间，结合周边的色彩和特色进行简单的造景，将楼内的视野范围限定在庭院空间内，从而优化窗外景色。好的设计从来都不是单纯地以审美为目的，而是要以文化底蕴作支撑，更要以遵循自然法则为根本。

民宿园林景观图片展示

◎ 1~2 民宿园林景观图片展示

园林设计时要分清主次空间、层次分明，确定主景、配景，以避免喧宾夺主，更要寓情于景，情景交融。以画入园，因画成景，情因景生，景为情造，将诗、画、联、赋或史料典故等与园林构图相结合，尽显诗情画意，使园林风景优美，意蕴更深。园林景观就像一个复杂的生态系统，它的构成包含地形地势、水景、植物、建筑物等多个要素，这些要素相辅相成，共同构成了园林景观。在规划设计中，要注意每一处细节、每一个元素，让主景和配景相辅相成，不突兀又能完整地融于自然之中。

2. 民宿配套设施

民宿虽然体量较小，但是布局上具备灵活性。除客房及必要的配套设施外，辅助功能相对简单，基础设施中的水、电、网、通信信号、给排水、垃圾处理等因素都要考虑全面。选址时尽量找基础设施建设较为完善的地方，否则后期的配套跟不上会比较麻烦。

比如，民宿的选址是闭塞的山村，虽然私密性较好，但所在地的基础配套不完善，则需要设置相应的一系列配套设施，这样不仅会增加整体的建设运营成本，也会有相应的局限性。

民宿的功能配套设施有前台、餐厅、书吧、咖啡厅。如果是独栋的民宿，则要考虑规划自助厨房、自助洗衣房、盥洗设备、公共交流活动室、会议室、教室、停车场、布草间、安全设施、户外公共空间等。这些配备设施一般都是民宿所具备的，也能相应地提升客人的民宿入住体验。在此列举以下5种民宿配套设施。

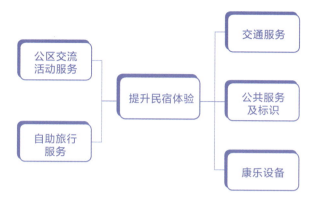

◎ 提升民宿体验的方法

1）交通服务

（1）停车场距离民宿 100 米以内最好。

（2）提供其他可满足客户停车需求的方式，提供行李接送服务。

2）公共服务信息标识

（1）服务导向标识，中英文。

（2）张贴可能出现危险区域的警示标志及制订相应的防护措施。客房门最好有门窥镜、门铃、防盗装置及防撞门栅，并于门窥镜上方位置张贴应急疏散图及相关说明；客房窗户最好能锁闭，并能正常打开；配有消防疏散图，客房配置小型灭火器，并安装消防报警装置；设置清晰的紧急出口标识。

3）公共交流活动服务

（1）餐厅。

（2）特色餐饮及自助餐服务。

（3）图书馆或咖啡厅。

（4）会议室。

4）康乐设施

健身器材、游泳池、花园、露台和大型公共区域等。

5）自助旅行服务

（1）当地旅游资源介绍及宣传品。

（2）提供旅行日常用品、旅行纪念品、当地土特产品等伴手礼服务。

（3）灯具、灯光的搭配。

> **小结**
>
> 民宿类似于一个盒子,需要进行内容的填充,但如果盒子不与周边的配套相融合,这个盒子就是一个弧形又单调的"盒子"。

民宿设计中灯具的搭配、灯光色调的搭配是必须要考虑的。早期的灯具设计侧重于照明的实用功能(包括营造视觉环境、限制眩光等),很少考虑装饰功能,灯具造型简单,结构牢固。表面处理不追求华丽,但力求防护层耐用。

如今,灯具设计不仅侧重于艺术造型,还会考虑型、色、光与环境格调的协调性,以达到灯与环境互相辉映的效果。民宿设计也是如此。由于对装饰效果的追求,人们开始注重灯具的装饰效果,给具有照明功能的灯具添加了大量的装饰性元素。灯具也逐渐具有了装饰艺术品的特点。现在灯具和灯饰两者的差别越来越小,两者的概念越来越接近。

现在的灯具已不仅可以用来照明,还可以用来装饰空间。灯具的选择不仅涉及安全、用电等实用因素,还会涉及材质、种类、风格、品位等装饰因素。好的灯具会成为装饰空间的灵魂,会让室内空间熠熠生辉。

灯具首先要具备可观赏性,要求材质优质,造型别致,色彩丰富;其次,要求与营造的风格氛围相统一;再者,布光形式要经过精心设计,注重与空间、家具、陈设等配套装饰相协调;最后,还应突出个性,光源色彩的选择要遵循用户的需求,如热烈、沉稳、安适、宁静、祥和等。

现代灯具五彩缤纷、琳琅满目,应该如何分类呢?根据不同的标准,灯具大体上可以按照以下三个方面进行分类:灯具的风格、灯具的材质和灯具的造型。

◎ 1~3 茶园民宿

灯具的风格有中式、欧式、现代、美式、地中海式、东南亚风格等。民宿一般采用现代风格的灯具。现代风格的灯具充满时尚和高雅的气息，返璞归真，崇尚自然。灯具的材质注重节能，经济实用，一般采用具有金属质感的铁材、铝材、皮质、亚克力、玻璃等。灯具的造型以另类的表现手法为主，多种组合形式，功能齐全，色彩方面的搭配比较符合民宿的装饰特点，这主要是根据民宿主人的喜好、周边的人文景观以及房间的整体色调进行相应的搭配和设定。

3. 不同空间的植物摆放

在不同空间摆放植物时应注意以下几点。

（1）根据空间的不同功能选择并摆放不同的植物。白天植物会进行光合作用，产生氧气，夜间植物的呼吸作用旺盛，会释放二氧化碳。

（2）根据空间的大小选择并摆放不同的植物。植物净化室内环境的效果与植物的叶片表面积有直接关系，所以，植株的高低、冠径的大小、绿量的大小都会影响净化效果。一般情况下，10平方米左右的房间，1.5米高的植物放两盆比较合适。

（3）忌香：如夜来香、郁金香、五色梅等。忌敏：一些花卉像月季、玉丁香、五色梅、洋绣球、天竺葵、紫荆花等，会让人产生过敏反应，有些人触碰它们的，会出现皮肤过敏的情况。忌毒：有的观赏花草带有毒性，如含羞草、一品红、夹竹桃、黄杜鹃和状元红等。忌伤害：比如仙人掌类的植物有尖刺，所以在有儿童的家庭或者儿童房尽量不要摆放。另外为了安全，儿童房里的植物不要太高大，不要选择稳定性差的花盆架，以免对儿童造成伤害。

1~3 民宿空间中的插花艺术

小结

无论是插花、茶艺、对弈，还是其他的活动，都能给民宿空间锦上添花。

除了需要注意植物的大小和种类外，还应关注植物摆放的美观和艺术性。下面以民宿中常用的插花为例进行讲述。

一般插花分为东方插花和西方插花。插花即利用切花、花材进行艺术再加工造型，达到艺术创作或装饰效果。东方插花主要讲究意境美、线条美，一般民宿、咖啡厅等用花装饰、点缀时都会采用东方插花。而西方插花主要讲究技艺、技巧、色彩美，一般婚礼上用的捧花、礼花、节日时包装的花属于西方插花。

民宿里常用东方插花，其造型法则如下。

（1）高低错落、三点一线，不能总插在同一条直线上。

（2）疏密有致、不应等距安排。

（3）虚实结合，花为实、叶为虚，空灵有趣、余味无穷。

（4）俯仰呼应：围绕中心、俯仰呼应。

（5）上轻下重：大花下、中花上，盛华下、花蕾上，浅色上、深色下，团块下、穗状上。

（6）上散下聚：基部聚拢、上部疏散有致。

东方插花最讲究意境，是大自然美的缩影。它取材于自然，与自然景色巧妙搭配，宛如在自然中体现自然情趣。东方插花特别强调线条运用，营造一种流动感和韵律美。"情"与"理"的统一，"形"与"神"的统一，将花"人格化"，托物言志，寄托情感，抒发情怀，创造意境。

小结

如果你想做一间普通的民宿，那么，做好设计和施工就可以了，要想再拔高一个层次，还需要做好软装配饰。但是如果想要做到极致，那么周边配套和多场景的内容就显得尤为重要。民宿竞争到最后，一定比拼的是文化内核，而不是简单的、外在的物质层面。由内而外散发的独特气质是民宿所独有的调性。

03
团队建设

第三章
团队：一个人走得快，一群人才能走得稳

一个篱笆三个桩，一个好汉三个帮。团队的力量在行业的发展进程中起着无比强大的作用。创业需要团队，经营需要团队，可以说社会上的所有企业都绝非单打独斗就可以做成的。在民宿的经营过程中，寻找志同道合的人很重要。

一双筷子轻易就会被折断，而一把筷子即使用很大的力量也无法将其折断。因为民宿独特的属性和气质，对团队的标准又显得与众不同，甚至更加苛刻。换句话说，做民宿想要找到志同道合的人，是需要缘分的。做民宿，不仅需要极强的主人公意识，还需要稳定的团队。

对于经营了一段时间民宿的人来讲，没有"诗和远方"，只有无尽的琐事。招不到合适的人或者招到后留不住人，已经越发成为民宿人的痛点。

© 东里挚友民宿

小结

民宿是个"勤行",由此就更加依靠人来从事相关工作,稳定持续并且专业的人才是民宿最珍贵的资源。

一、民宿运营中关于人才的问题和办法

1. 民宿人才流失问题严重

在往期佳乡学院民宿会客厅中,过云山居创始人潘瓶子曾经说过,过云山居人力资源配套偏向家庭化,管家团队较为稳定。但是也存在人员流失、招聘困难的情况。归纳原因为三点:第一,在职管家、店长热爱该岗位,但因交友、结婚生子等原因无法长时间扎根山村;第二,两年的山村工作周期让他们产生审美疲劳,出现瓶颈效应;第三,招聘难题主要是应聘者对职位定位不清晰,过分美化管家、店长工种,求职意愿模糊。

对于北方民宿而言,部分会就近寻找当地村民作为员工,但是他们服务意识不强,契约精神也不够,难以保证民宿的服务品质。消费者初来乍到会感到新鲜,但新鲜感过后就会因为服务不到位而感到不舒适,会有严重的逃离心态。并且多数民宿需要处理在地化关系,这本身需要极高的交际能力和应对素质,并且需要能够协调在地住户和消费者的关系,而往往年轻人缺少这方面的能力,在地从业者又会过分偏袒在地住户。

人才难题除了以上原因之外,还有一个很实际的问题,就是人才的晋升问题。大多数民宿是单体量的,受限于民宿自身的体量和组织架构,从业者很难在其中获得很高的职业发展空间,薪酬增长空间有限,天花板效应明显。这也是民宿留不住年轻人的症结所在。民宿要考虑自身的发展,就不能不考虑从业者的发展问题和晋升规划。但是对于单体量的小民宿而言,这是难上加难的问题。

民宿人才流失原因	
情感诉求	娱乐、交际、情感的需求得不到满足
兴趣缺失	重复工作,没有晋升,缺少培训
归属缺失	个人价值和荣誉归属得不到满足
薪资不满	薪资缺乏吸引力,没有涨幅调整
福利不足	缺少基本保障,没有五险一金,或其他待遇不足
工作环境	枯燥乏味,业态单一,自我束缚
团队建设	缺乏沟通,架构不明,责权不分
职业发展	与自身规划不吻合、不满足、不一致

◎ 民宿人才流失原因

2. 部分民宿对人才流失的解决办法

对于民宿的人才痛点，莫干山经过多年准备，已经具备了成体量的后备资源，拥有大量的管家，并且呈梯度增长，人才储备雄厚。而近两年过云山居为了解决人才问题，开始联合当地职业学院为民宿做定向培养，通过委培方式培养储备管家。通过这样的方式，培养出的人才具有较高的专业度，并且对工作有预期的设想，能够更加适应岗位。同时通过自媒体平台更多地对外展示民宿的日常运营，让更多爱好者、想要入行的人了解民宿动态，在招聘之初，就能够对民宿有所了解。

对于有实力的民宿，大多会有不少于两家的店面，而莫干山、大理等地的民宿也开始集群化发展，能够实现民宿内与民宿间的人才流转，从而解决审美疲劳的问题。同时对于能力出众的人才，可以适当出让股份，在薪资回报方面给予吸引力。单体量民宿可以联合其他小民宿，进行人才的互通有无，并且通过岗位激励的方式，调动从业者的积极性与忠诚度，从实现个人理想的层面解决从业者的需求。

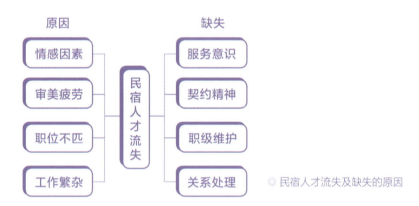

◎ 民宿人才流失及缺失的原因

丽江的童话精品客栈，已经发展有10多家连锁店，是丽江人才留存率较高的客栈。童话倡导两大人才培养阶段。一是基层培养。打开晋升通道，遵从"待遇留人、感情留人、事业留人、文化留人"的原则，是降低人员流失率的重要方式。任何管理者都不应吝啬对优秀员工的鼓励和提携。二是多元化培养。因材施教，无限放大每个员工的优点，在价值导向的基础上，分阶段、针对性培养，以解决问题为目的。客栈行业没有统一的标准，每一家都是客栈老板的文化体现。厨神、酒神、棋圣、摄影爱好者、吉他手、歌手等，这些生活达人都是可以体现文化的人才。通过多元化培训为员工提供实现自我展示的舞台和环境，以此增加客栈人才留存率，营造良好的经营环境。

（以上内容节选自百度文库）

传统酒店注重服务意识与从业人员素养，这方面完全可以在民宿中推广。另外，传统酒店在前台接待、客房打扫、物资管理等方面的流程民宿也可适当借鉴。酒店注重服务的整体性和流程化，而民宿则更注重细节，更具灵活性。在民宿中推广酒店的高服务意识与人员素养，是对民宿注重细节与灵活多变的个性化服务的基本保障。

小结

你怎样对待人才，人才就会怎样回馈你。民宿的人才问题上，要充分了解当事人的内心诉求。

3. 民宿需要组建志同道合且稳定的团队

民宿主都是怀着美好憧憬进入的民宿行业，希望有一个自己的房子，装扮成自己喜欢的模样，吸引更多和自己相同爱好、品位的人来体验，来交流。民宿是需要经营的，而经营过程又是繁琐的。民宿从运营到营销，从接待服务到日常维护，每个阶段都需要相应的人员配置。

以北京的网红民宿渔唐为例，该店配备了 20 多个工作人员。前台 4 或 5 人；安保及巡卫 2 或 3 人；餐厅 3 人左右；客房约 10 人。渔唐仅有 21 间客房，但却配备了约 20 人，就是为了保证服务和品质。众多小体量民宿也就几间房，虽然不需要这么多人手，但还是要配置相应的人员以保证服务质量。比如日常接待办理入住、用餐及客房维护、物料被品洗漱更换等，都需要有专人定岗。

在团队建设上，民宿可以参考酒店模式，但是诸如细节化体验、主人公文化等方面的体现和布置，都比酒店还要复杂。麻雀虽小，五脏俱全。各部门的人员配置也要根据民宿的自身情况确定，但是应有的岗位绝不能空缺，以免影响用户体验。当今的营销模式，不再是传统的销售模式，而是多方面、多维度的，包含线上、线下、多媒体，以及用户自身的体验和口碑传播等。

© 东里挚友民宿

要充分让民宿内的工作人员充当销售的角色。当然，这并不是说要让工作人员通过销售手段吸引客户，而是通过他们的高标准、精细化的服务，让客户产生认同感和舒适感，对民宿品牌产生认可，从而再次消费或推荐给亲朋好友。这就需要民宿内工作人员良好的素质和得体的穿着。比如前台接待人员形象要得体大方，看上去阳光亲切。礼貌的举止，自然的微笑，都是最好的营销方式。

不同岗位的人员配备需要什么样的标准呢？通过对众多民宿的走访，整理出标准。

1）前台接待

（1）前台人员衣着得体大方，可适当化淡妆。

（2）用词热情周到，待人接物礼貌细致。

（3）认真了解客人需要，并及时给予解决。

（4）办理入住时，认真核实客人信息。

（5）客人到店时，主动递送茶水，并引导入座。

2）客房岗位

（1）认真清理客房，并检查是否有客人遗留物品。

（2）客房被品及洗漱用品做到一住一换。

（3）检查灯具、卫浴使用是否正常，如有情况，及时修理。

（4）补齐民宿客房用品，并将民宿内物品归位。

（5）积极应答客人提出的需求并妥善解决。

3）餐饮环节

（1）餐饮人员必须具有相关证件，并通过培训合格后上岗。

（2）必须遵守餐饮标准条例，严格遵守相关规定。

（3）必须保证食材的卫生、安全、可靠，才可用以招待。

（4）具备良好的服务态度、服务技能以及职业道德。

（5）每日供餐采用责任到人制，由相关人员负责。

小结

基础标准是所有服务业态的准则，也是必要前提。民宿需要在基础标准的前提下做好"非标"的部分。

以上，是作为民宿从业人员必须遵守的基本准则。民宿是非标产品，每家民宿具有不同的属性和风格，和酒店相比这些属性和风格属于"非标"的范畴。但民宿还是需要遵守基本的行为准则，比如酒店对个人卫生的标准。

4）个人卫生

（1）每天起床后洗漱、刷牙、洗脸。

（2）每天至少一至两次沐浴。

（3）每天工作前或饭前洗手一次，并注意修剪指甲。

（4）制服每天更换一次，力求整洁、笔挺。

（5）头发梳洗干净，女性工作时应化淡妆，并戴发网。

（6）工作时不穿拖鞋与木屐。

（7）不用味重的香水以及发油。

（8）男性不留胡须及长发。

（9）打喷嚏时应用手帕遮住，离开工作地方并洗手。

（10）不用手指挖鼻孔、牙缝以及耳朵。

（11）不用手摸头发、揉眼睛。

（12）上厕所后，必须洗手并擦拭干净。

以上这些就是对一个从业人员的基本标准。具体做法还是要依据民宿自身的标准来制定，在基本标准的前提下，做好"非标"的部分。

民宿人才的留存充满不确定性，因此需要制订充分的应急预案。在基础准则的前提下，挖掘人才的内心诉求，给予人才足够的满足和尊重，才能够相对稳定且持续地留存人才。而最好的人才留存办法就是搭建自有的晋升和培训体系。

二、如何进行人员的管理和调控

佳乡学院走访了上千家民宿，深度沟通过上百个民宿主，了解到每家民宿的经营方式不尽相同，对人员的管理也大相径庭。对于单体民宿而言，个性化无疑是需要极度放大的，以吸引同频的人；而对于成体量的民宿而言，过度的个性化，将极大地增加民宿的运营成本。

1. 制定民宿行业的 SOP 标准并施行

什么是 SOP？SOP 是 Standard Operation Procedure 三个单词中首字母的大写，即标准作业程序，就是将某一事件的标准操作步骤和要求以统一的格式描述出来，用来指导和规范日常的工作。简单来讲，SOP 就是每个部门的职责标准。但是每一个民宿（酒店）的标准是不一样的，因此需要有针对性地制定与之匹配的流程标准。

民宿 SOP 实操五步法	
理解	SOP 是靠员工做出来的，是满足客人需求、展现民宿文化的标准流程
制定	对每个岗位的流程及最低标准，按照逻辑分步骤执行的过程
传递	将制定的 SOP 标准无误地传递给其他人员的过程，传递的是标准和程序
实施	完整地将民宿 SOP 标准实施的过程，落实到人和各环节
优化	贯彻 SOP 标准的实施，通过员工和客人的反馈，持续地进行优化调整

◎ 民宿 SOP 实操五步法

以下列举酒店行业的 SOP 标准给大家参考，让大家了解酒店是如何通过 SOP 有效地对从业人员进行管理和监控的。

1）前台 SOP

（1）受理电话、传真、互联网等不同形式的客房预定，将订房资料录入电脑并传达给相关部门和岗位。

（2）处理销售部或其他部门发来的预订单。

（3）及时按工作标准及程序进行预订变更，取消等数据处理。

（4）检查、核实当日及次日抵达酒店的预订信息，做好预订准备工作。

（5）为客人办理入住登记手续，安排房间，尽可能满足客人的合理需求。

（6）为客人办理换房、加床续住等手续。

（7）负责保管、制作和发放客房钥匙卡。

（8）按规定填写、录入并统计入住散客及团队登记单。

（9）保持前台清洁整齐，检查所需表格、文具和宣传品是否齐全，并报告前台领班。

（10）认真核对上一个班次输入电脑的客人资料，及时准确地输入当班的客人资料。

（11）按规定登记、录入和发送境外客人户籍资料。

（12）认真做好交接班工作，保证工作的连续性。

（13）协助前台收银员为客人做好结账工作。

（14）完成经理交办的其他工作任务。

2）客房 SOP

（1）负责督导、检查所辖楼层客房的接待服务工作，保证客房接待的正常、顺利进行，直接对客房部经理负责。

（2）掌握所属员工的思想和工作情况，充分发挥班组长的作用。善于说服、动员，做耐心细致的思想工作。

（3）根据具体的接待任务，组织、调配人力。在进行 VIP 人员的接待工作时，应协助班组掌握接待情况（如客房布置的规格和要求等）。

（4）每天巡视客房布置，清洁卫生，让服务质量保持在正常稳定水平。

（5）汇总核实客房状况，及时向前台提供准确的客房状况报表。

（6）对客房设施设备进行定期保养，保证房内设施完好，物资齐全完备。发现损坏或故障及时保修。提出设备更新、布置更新计划。掌握各班组日常更换的布草及客房用品的消耗情况。

（7）主动接触客人及陪同人员，了解客人特点和要求。

（8）对班组处理不了的客人要求或疑难问题，主动帮助解决或帮助联络。

（9）对所属员工的操作方法、工作规范进行培训。

（10）经常检查所辖员工的仪容仪表、礼貌服务情况。

（11）负责所属各班组的日常行政管理工作。对员工的工作态度、劳动纪律和工作质量进行统计考评。

（12）执行客房部经理交给的其他任务。

3）公区 SOP

（1）负责让所辖区域的清洁卫生情况达到酒店的标准，保证服务质量符合酒店要求，直接对客房部经理负责。

（2）掌握所属员工的思想和工作情况。

（3）负责安排公共区域服务班次、工作时间和假日轮休。

（4）做好各项清洁工作的计划。

（5）检查当班员工的仪容仪表。检查所辖区域是否整洁、美观，发现问题及时处理。

（6）检查所辖区域的装饰品、公用设施是否完善。

（7）制定合理的清洁用品消耗限额，控制清洁用品的发放。

（8）负责对员工进行业务培训。

（9）指导和检查地毯保养、虫害控制、外窗清洁等专业工作。

4）安保 SOP

安保部是维护酒店正常工作、生活秩序，保障客人、员工和财产安全的职能部门。做好安保工作可以增强宾客的安全感、信任感，对树立宾馆的良好形象有极其重要的作用。安保工作的主要任务有预防火灾事故，预防安全生产事故，预防刑事案件和治安案件的发生，预防食物中毒，维护国家安全，预防交通安全事故，及时处置突发事件。

酒店的安保工作是在落实安全防范管理制度的基础上，积极推行安保岗位责任制：确立酒店的安保目标体系；逐级地建立岗位安全责任制，把安全责任落实到岗、落实到人，把各项安保工作的目标落实到每一个领导和员工身上，使大家明确自己的责任和任务；通过考核把各自完成的安保工作同奖惩结合起来，有利于提高员工的安全防范意识和安全工作的积极性。

安保部是酒店安全管理工作的主要组织者和策划者，在酒店总经理的领导和当地公安、消防机关的指导下，对酒店的安全管理工作进行培训、检查、监督，主要的工作内容如下：

（1）配合酒店对开业期间酒店消防设备的使用情况进行检查，对新入职员工进行消防知识的培训和考核。

小结

制定一套针对民宿业态的 SOP 体系，能够让民宿运营事半功倍，对于人才培训及工作运营也可以有据可循。

（2）加强对酒店前台入住登记制度的检查和督促。

（3）每天、每周对安全设备进行检查，保证其完好有效，每月组织对酒店的安全工作进行检查。

（4）加强对酒店外包单位的检查及指导。

（5）加强对危险物品和酒店重要部位的检查。

（6）配合公安、消防和外事部门做好安全工作，防止火灾事故和其他事故的发生。

（以上内容节选自百度文库）

入住退订标准化服务流程
接待电话咨询，预约时 1. 语气：有亲和力 2. 语言表达：主动说明自己身份，向客户重复确认信息 3. 登记预留信息：姓名、手机号码、需求
入住当天致电房客 1. 语言表达：表明身份及来意 　　　　　　是否订房 　　　　　　确认入住时间 　　　　　　告知如何到店 2. 结束语：路上注意安全等
接待客人、办理入住 1. 主动打招呼 2. 询问是否预订 3. 查找预订信息 4. 确认后收费，开具押金收据，索取身份证办理入住 5. 如有早餐可告知时间段，帮助客人提行李，告知无线网络密码和前台电话
办理退房、检查房间、退还押金 1. 致电询问客人是否要续住，不续住的话需要在什么时间退房，告知退房时需要的物品 2. 客人办理退房时，先将房卡退还，并请客人稍坐片刻，然后通知保洁检查房间，查看有无额外消费及物品损坏。确认后，退还押金，并表示欢迎下次入住
电话回访 1. 表明身份，并询问有无时间，是否方便接听电话 2. 若无，询问方便接电话的时间 3. 若有，就住宿体验询问 4. 表示感谢并邀请下次再次体验

◎ 入住退订标准化服务流程

2. 制定薪酬体系，调动员工工作积极性

乡村民宿一般开在山里，因为多数人认为乡村更有情怀，但这会使民宿主在用人时面临困难。年轻人追求生活的丰富性和多样性，因此很少甘心待在山里，更别说常驻。雇用村民虽然能够解决常驻的问题，但村民在技术和知识面上的匮乏则成了主要问题。民宿主不仅需要年轻人的青春活力，还需要他们具备专业的技能和丰富的知识面，用以吸引和招待往来的客人。

出门在外是为了挣钱，几乎没有人纯粹是为了情怀而做事。创业者如此，打工者亦是如此。社会上大多数人对于薪酬是不满意的，这是一个普遍现象。员工希望通过薪资体现自己的贡献与价值，而用人者希望通过较少的薪资做更多的事情，这本身就是无法调和的矛盾体。但是对于民宿而言，首先倡导的是主人公文化，其中就有人文情怀，因此民宿主需要换位思考，了解员工的真正需求。

民宿人可以通过制定薪酬体系的办法，充分调动员工的积极性，体现员工的工作价值与回报，让埋头苦干的人更加有干劲；让天马行空的人更加富有创造力。完善的薪酬体系能够极大地激发员工的主观能动性，更有力量更有效率地做好当下的事，让服务更加贴心，让态度更加认真。当然，一味地通过薪酬调整来留住员工，这方法未必就好，对年轻人而言，他们追求的首先是个人体验，其次才是薪酬。

© 五合院

3. 组织丰富多样的员工活动

大多数民宿主喜欢雇用年轻人，因为他们充满朝气和活力，富有创造性和设计感，同时年轻人更能捕捉潮流讯息，也更能有效地传播民宿品牌。针对年轻人的特性，民宿主可以组织丰富多彩的员工活动，以保持员工的积极性和从业态度。

（1）主题活动法。根据员工年轻、思想活跃、追求进步的特点，定期开展不同的主题活动，比如岗位技能大赛、书画大赛、手工艺品制作大赛、英语口语比赛等。通过不同的主题活动，引导员工好学上进、展示自我，从而产生向心力、凝聚力。

（2）设立标兵法。拿破仑曾说："每个士兵的背包里，都有元帅的手杖"。每个员工都有自己的特长。通过设立不同的标兵，每个员工都能发挥自己的特长，比如设立卫生标兵、对客服务标兵、爱岗敬业标兵等。

（3）感情投资法。感情因素对人的工作积极性有很大影响，可经常采取感情激励的方式，比如，员工生日庆祝活动（领导祝贺，送生日蛋糕，办生日酒宴、舞会等），生病探视，对困难家庭进行扶助等。感情投资不但可以针对员工，还可以扩展到员工家属。

民宿员工激励办法	
主题活动	针对性地组织主题活动，展示员工能力
设立标兵	设立岗位标兵，用榜样精神调动员工积极性
感情投资	持续地给予员工关怀，让员工情感上有所依托
心理疏导	倾听员工心声，消解负面情绪，促进团队协作
轮岗激励	持续调动工作岗位，带给员工全新的挑战
兴趣激励	提供专属兴趣岗位，产生持续的工作积极性
文体活动	积极帮助员工搭建和充实自身的业余生活
物质激励	将盈余按比例分配给员工，在物质上促进员工的工作积极性
形象激励	通过形象展示，激发员工的荣誉感、成就感
参与激励	让员工参与民宿决策，树立员工的主人公意识

◎ 民宿员工激励办法

（4）心理疏导法。由于企业采用严格的制度化管理，管理层级较为分明。加之部分基层管理人员的管理方法简单、粗暴，时间久了，难免会消磨员工的工作积极性。因而，高层应经常倾听员工心声，消除员工心中的怨气，拉近与员工的距离。

（5）轮岗激励法。员工在一个岗位工作久了，技能熟练了，难免会产生厌倦心理和自大心理。应不失时机地给员工调动工作岗位，带给员工新的挑战。此举既能帮助员工学习新的技能，又能用工作激励员工。

（6）兴趣激励法。兴趣是推动员工努力工作最好的动力。根据员工个人兴趣以及工作需要，管理者通过双向选择帮助员工找到自己感兴趣的工作，从而产生持久的激励效果。

（7）文体活动法。业余文体活动是让员工的兴趣和才能得以展示的另一舞台。通过组织丰富多彩的文体活动以及各种兴趣小组，帮助员工安排好八小时以外的业余生活，使员工业余爱好得到满足，增进员工之间的情感交流和对企业的归属感，从而提高团队凝聚力，而且还能减少年轻员工因缺乏社会经验而发生意外。

（8）物质激励法。除了常用的奖罚激励法外，制定酒店整体的利润分享制度也很重要。把每年所赚的利润，按规定的比例分配给每一个员工。企业赚得越多，员工分的也就越多。员工的分成每年要随时兑现，从而让员工明白"大河有水，小河不干"的道理，员工积极生产自不待言，还能随时随地地纠正或及时反映服务工作中存在的问题，帮助提高整体服务质量。

（9）形象激励法。形象激励就是充分利用视觉形象的作用，激发员工的荣誉感、成就感与自豪感，这是一种行之有效的激励方法。通常的做法是将先进员工照片上光荣榜、企业内部报刊等，此举不但能让员工本人受到鼓舞，而且还能让更多的员工受到激励。

（10）参与激励法。参与激励就是把员工放在主人的位置上，尊重他们，信任他们，让他们在不同的层次上和深度上参与酒店的管理和决策，吸收他们的正确意见。通常的做法是让员工通过"职代会"参与重大问题决策，让员工列席不同层次的工作会议，让员工参与质检工作等。

（以上内容节选自百度文库）

◎ 五合院

小结

民宿 SOP、薪酬体系、员工活动，是民宿留住人才的关键。对于民宿而言，它需要一套完整的标准来保证持续经营，也足以让员工在既定的标准下完成本职工作。而薪酬和活动则是员工日常所关心的内容。优秀的民宿经营者会考虑到员工的生活需求和精神需求。

三、好的民宿谋求的是和团队的融合统一

1. 发挥领袖精神，锻造一流团队

好的团队不能缺少领头羊，带队的人应时刻把握好方向。时代是迭代的，不是一成不变的，只有不断地提升自身，才能不退步。

民宿中的每个部门都是一个小单体，前台部门给客人办理好入住手续，客房部门将客人带入房间，安保部门负责每天的安全，后厨部门负责每天的饭菜，保洁部门负责客房的干净卫生，这样一个小循环，一个地方出差错，就前功尽弃，所以说每个团队都是由一个个的小单体组成的。

◎ 民宿各部门日常工作职责

团队的协同并进可以从以下 6 个方面展开。

（1）制定团队目标。要想让团队人员紧紧地团结在一起，首先要制定非常明确的团队目标。有了目标以后，团队才有前进的方向，大家才能握紧拳头，劲往一处使，不至于出现各行其是的现象，所以说团队的目标、目的要明确。

（2）重视团队合作。团队成员要懂得精诚合作，共同完成团队制定的任务。如果缺乏这种合作意识，个人只懂得埋头苦干，即使能力再强，最终也是无法适应团队需要的，甚至会影响团队的凝聚力。

（3）增强团队的信任度。团队成员之间要彼此信任，只有这样，大家才能一起克服困难达到最终的目的。如果团队成员之间连基本的信任都没有，在顺境情况下可能不会出现问题，但是当面临逆境时，信任危机带来的危害就会出现，进而影响整个团队的凝聚力。

（4）加强团队沟通。团队成员之间要经常沟通和交流，加强彼此的了解和信任，有助于团队的建设和后期的发展。可以利用休息时间经常组织团队人员聚餐、出游、唱歌、游戏等，通过一种放松的方式让团队成员放下工作中的压力，尽情地释放自己的心情，同时在这样一种轻松快乐的氛围下，也可以有效地提升团队的凝聚力。

（5）树立团队精神。每一个团队都应该有自己的团队精神。员工应随时用团队精神要求自己的行为举止，让自己深知不是一个人在战斗，自己做的每一件事都有可能影响整个团队的成败。所以团队精神可以让团队成员更快地融入团队这个大家庭里。

（6）肯定团队成绩。作为一个团队负责人，要学会肯定这个团队的成绩。也许团队的成绩并没有达到预期，但是也要不断鼓励。例如，一个学生的成绩每次都是99分，偶尔一次考了90分也要得到相应的鼓励，因为90分和99分一样优秀，所以应用肯定的方式激发团队成员的潜力，让他们有足够的信心和上进心，让他们看到领导的认可和鼓励。在团队建设过程中，团队负责人要采用合理的激励方式充分调动团队成员的积极性，赏罚分明。如果抱有"干多干少一个样，干好干坏一个样"的心理，则无法增强团队凝聚力。

© 五合院

小结

民宿是由人组成的日常经营的业态。人与人之间必须有深度的协同合作。民宿人才的培养一定要从团队的角度出发。

2. 好的民宿和团队共同成长

在西坡成长初期，团队构成基本都是以朋友推荐为主，这些有度假旅游经验的小伙伴，让西坡的团队和组织架构在形成阶段就相对专业。但是，要满足西坡在快速成长发展过程中的人才需求，光靠朋友推荐显然不够。因此西坡采取了两个办法。一是不断加强品牌建设，比如 2015 年西坡莫干山取得 12 项业内大奖，让后期的人员招聘也更加容易。二是确定西坡的使命、愿景、价值观。西坡的使命是让中国的乡村不落后于这个时代，又记得住乡愁。愿景是成为一家有人情味并持续发展的百年民宿品牌。同时，西坡珍视"客人第一、员工第二、尊重自然"的价值观。这样的使命和愿景能够吸引真正愿意投身乡村的优秀年轻人。如果不认同西坡的使命、愿景、价值观，就是再有能力的人，西坡也绝不会雇用。

怎样将优秀的人才留下来？除了提供在行业内有竞争力的薪资和福利待遇外，工作环境、沟通氛围、职业发展也越来越重要。"打工不是通向月薪十万的道路"，西坡在 2018 年开启了合伙人模式，让优秀的人才可以伴随西坡一直成长。另外，员工本地化也是西坡人力资源的重要原则。在目前开业的项目中，本地员工占比超过 70%，在未来的西坡项目中这一比例还将大幅度提升，西坡希望通过培训返乡创业青年、返乡优秀大学生，为西坡提供优秀的人力资源保障，也为当地乡村民宿的发展提供全新理念和新鲜血液。

如果说民宿是一种诗与远方的美好，那么民宿员工就是制造这份美好的幕后人物。美好的背后是大量辛苦和琐碎的工作。很多年轻人来了之后才发现，民宿工作并不是他们想象中的样子。所以，西坡在招人之前一般都会强调民宿工作的清苦和寂寞。事实证明，大部分年轻人留不住的原因并不是薪酬，而是山区远离城市，没有娱乐，没有交际，没有热闹的生活。

西坡一直在不断提升自身的实力，从而给予员工更好的福利。文化理念的灌输促使员工产生一种行业使命感，自发地将民宿事业做优做好。同时西坡还站在员工的角度解决问题，给予配套的薪酬体系、晋升机制、培训机制等，从人生目标方面扫清员工发展道路上的障碍；并且积极完善西坡内部的社交属性和社会属性，解决年轻员工对社交娱乐的需求。

好的民宿一定是和团队共同成长的。民宿的发展需要发挥员工的主观能动性，而民宿的良性发展能够回馈员工本身。民宿主在这个过程中，要充分地充当给予者的角色，员工需要什么牌，就发什么牌。并且对于优秀的员工要大方地给予相应的奖励和岗位，从而促进民宿与员工的良性循环。员工推进民宿的发展，民宿的发展回馈给员工，这是对团队而言最标准的维持方法。

民宿的员工是和民宿主共同参与、创造和运营民宿的伙伴。民宿发展的好坏与员工没有直接的利益关系，自然也就难以调动他们的主动性和积极性。至于情怀，那是民宿主的，不是员工的，所以民宿要和团队共同成长，一定要做到一视同仁，推心置腹，用领袖的精神引领员工积极地投身于民宿建设。

◎ 五合院

 小结

民宿的发展需要团队化运作。团队的组成部分其实是民宿的共建人，而不仅仅是员工这么简单。民宿需要和共建人一同成长。

3. 通过培训保证团队的竞争力

多数民宿遵循三个用人原则：年轻化、本地化、热情高。民宿主对员工的经验倒不是很看重。但是对于年轻员工而言，工作半年不离开的，就算是十分稳定的了。所以年轻人才的流失是所有民宿主都要面对的。

年轻人更在意是否有足够的成长空间，生活和工作能否平衡，是否有丰富的娱乐活动，而不是具有竞争力的薪水。而大多民宿由于位置偏远、规模过小，基本解决不了以上问题，所以很难长期吸引和留住人才。

前文所提到的民宿的 SOP 强调的是标准化流程，作为非标的属性，一定是在基本的标准范围内，充分发挥自身的非标特性，才能不混乱，才能让消费者接受。每个民宿主都希望自己的团队拥有多才多艺的复合型人才，懂管理、善沟通、会音乐、能开车，摄影、文案、设计信手拈来，但是民宿需要的绝不是复合型的人才，而是专精一门的专才。

系统课程	基本课程
课程内容	课程内容
一、从 0 到 1 打造成功民宿	一、开一间民宿的前期准备
二、民宿开业筹备试运营	二、民宿相关政策法规
三、民宿的众筹与股权分配、融资方式	三、民宿的设计及软装搭配
四、民宿设计美学之软装配饰	四、民宿的日常运营维护
五、民宿 SOP 系统：PMS 系统、OTA 运营	五、民宿营销及后续服务跟进
六、民宿服务应急预案：极端情况模拟与处理	六、民宿 IP 塑造及品牌建设
七、民宿客户社群搭建及数据化管理	七、民宿众筹与资本运作
八、在地关系维护：村民关系及政府关系处理	八、多种民宿形式分析解读
九、基于老用户的病毒营销与口碑营销	九、在地化民宿的场景体验搭建

◎ 民宿人才培训体系

年轻人的学习能力和领会能力是很强的。学习音乐、绘画、书法、对弈等可以培养他们的艺术气质，帮助他们应对具有艺术气息的消费者，从而让消费者对民宿品牌产生认同感。而对民宿而言，最保险的留存人才的办法就是培训，通过多样化的持续培训，将年轻员工吸引在民宿里。

年轻人喜欢炫技，希望将学到的东西很快地展示给更多的人看。民宿是生活化的场景空间，而这个空间需要人来点缀。可以让年轻人在这个空间里，尽情地释放自己，吸引消费者参与进来，一起玩耍。树立民宿兼容并包的属性，同时给予年轻人实现自我价值的场景，就能够极大可能地留住年轻人。员工认同民宿所传达的共享精神后，就会留下来，和民宿共同成长。

对于单体民宿而言，核心员工基本都是陪伴民宿成长起来的老员工，除了显性的薪酬体系外，员工的职业生涯发展与规划也要纳入民宿的日常运营中。要让员工觉得这里不仅仅是工作的地方，更是个跳板，是个平台，是个安心学习和练习的场地。建立这样的心灵屏障，更容易留住人才。

◎ 砖窑民宿

4. 利用持续激励机制调动团队积极性

民宿行业想要稳定和调动团队的积极性,一定要制定一套完整的激励机制。激励机制包括薪酬体系、晋升机制、人文关怀等方面。薪酬体系是最简单而有效的激励方式之一,虽说薪资不能代表一切,但它能够直接地体现个人的工作价值以及民宿对其个人的价值评估。与市场脱节的薪资水平缺乏吸引力,无法稳定团队,更无法调动团队的积极性。

制定可预见的晋升机制与职业发展规划是第二个有效的方式,对于连锁民宿或资本推动的民宿品牌,大多采用这样的方式来稳定其民宿团队。因为有了公司化的运作,员工有了更多的上升空间,更明确的晋升机制,对民宿团队的稳定能起到很大的作用,也能够充分地调动团队的积极性。

人文关怀是所有卓越的企业所注重的。想要留下优秀员工,稳定民宿团队,除了持续的培训、有效的晋升、丰厚的薪酬以外,还需要软性的东西以维系团队成员的心。员工虽说是做事的,但更应该是民宿大家庭中的一分子,民宿主应当创造和谐的家庭氛围,让员工慢慢具有"家"的概念,这样的相处之道才会更加长久和稳定。对于年轻员工来说,他们在意薪资、晋升空间、培训体系，但是他们更关注工作环境的舒适性，以及能否实现自身价值。所以，对于民宿主来说，加强人文关怀和提供一个可持续成长的空间是非常有必要的。

> **小结**
>
> 民宿的发展史也是从业者的成长史，需要民宿主发挥领袖精神，传递主人公文化，从而产生凝聚力，带动团队共同成长壮大。同时要考虑团队成员的自我发展，提供平台和机会，让成员实现自我价值，提升自身能力。

四、责任、权力、利益，团队的三个小伙伴

人们在社会标准的前提下生活、工作、孕育，社会标准的三个关键词是责任、权力、利益，三者相辅相成、相互制约、相互作用。一般意义上，责、权、利三者对等，才能充分调动积极性。也就是说承担什么样的责任，就应该拥有什么样的权力，同时应该取得什么样的利益。

民宿同样需要用"责、权、利"的标准来经营，以确保健康有序发展。民宿从业者也需要通过责任与权力的制约，更好地发挥能动性，将民宿经营得更好。责任和权力的结合，能够更有效地执行工作；责任和利益的结合，能够更大地激发自主意愿；权力和利益的结合，能够更好地调动员工的积极性。

◎ 责任、权力、利益三者之间的关系

1. 民宿团队如何树立责任先行的标准

这里讲一个故事。有一次白求恩在病房里看到一个小护士在给病人换药，发现药瓶上的标签和药品不一样。也就是说，药瓶里的药不是应该用的，用错了会出现严重的问题。白求恩狠狠地批评了小护士，并且告诉她："这样马虎地工作下去，一定会出人命的。"白求恩

用小刀把药瓶上的标签刮掉并且严厉地说："我们要对同志负责,以后不许再出现这样的事情。"事后,白求恩向上级领导汇报情况,建议加强教育,提高工作人员的责任心。他还提出创办模范医院,亲自为八路军军医上课,这体现了他对工作极端负责任的态度,千方百计地改善工作的方式方法。

责任,不仅是一种道德,还是一种能力。责任是做自己分内的事。它能体现出一个人的精神风貌,更能体现一个人职业素质的好坏,所以说负责任是工作中应遵循的最基本的准则。换句话说,无论是在工作中,还是在生活中,时刻都要提醒自己做一个负责任的人,只有将责任心融入本职工作中,才能更加出色地完成自己的本职工作!

小结

制订明确的任务分工,利于树立团队成员的使命感与责任感,从而更用心努力地完成民宿运营的日常任务。

当在民宿中遇到突发事情时,首先,一定不能手忙脚乱,应安抚客人的情绪,迅速通知上级领导做出决定,把事情做得井井有条。来不及向上级领导汇报时,应做到自己头脑清晰,并判断事情如何处理,这需要具体事情具体分析。

无论是民宿、酒店经营,还是其他的工作,首先要做好自己本职工作,其次才能去兼顾别的岗位,在自己力所能及的范围内相互帮助,相互鼓励。例如在民宿店长管家培训中的推演,如果小朋友摔倒了,磕伤了脑袋怎么办?这时一定不能慌张,应迅速安抚小朋友情绪,耐心询问有没有受伤,另一些员工应安抚其家长的情绪,迅速通知上级领导商量沟通,如果有人受伤,应立刻拿医药箱,伤势比较严重的需送去医院。员工首先应该做的是把自己本职工作处理好,不能影响其他客人,然后再将培训受伤人员送去医院就诊。这个简单的推演,更多想传达的是,不要只做自己的事情,看到屋子里有垃圾,就顺手捡起来扔到垃圾箱,看到餐桌有盘子未摆放整齐,就顺手摆放,不要只想自己,要为整体考虑,毕竟自己是团队中的一员。

2. 民宿人的权力具体体现在哪些层面

无论是民宿主还是从业者,第一属性都是自然人,自然人的主观能动性是人类特有的。民宿经营过程中,无论是人员接待、物料准备,还是水电管理,其实都是人事的活动。而除了按照基本标准制度行事外,人还会遵照自我的意识行事,所以要充分地给予从业者自主行事的权力,从而激发从业者的主观能动性。这里从三个方面进行阐述。

1)激发从业者对民宿运营的监督和反馈

民宿的发展给消费者带来了不同于酒店的新鲜体验,但与许多新鲜事物一样,它也是一边迅速发展,一边问题不断。卫浴长时间出不来热水,床品被品导致皮肤瘙痒,卫生间反味

◎ 大乐之野

严重等,可以说民宿一旦开始经营,就会不断地出现问题。而问题的买单者是消费者,因为不好的体验,消费者会对民宿印象大打折扣,同时自发传播给身边人,对民宿品牌造成不良的影响。

民宿主应该给予各岗位工作人员监督和反馈的权力,以便第一时间发现问题,解决问题,防患于未然。众所周知,多数民宿人只是为了做事而做事,对于民宿的问题通常视而不见。如果民宿的工作者对民宿问题视而不见,怎么能从消费者的角度思考,提供最好的服务体验呢?

2)授予从业者自主解决突发事件的权力

参与者即是发令者。要给予民宿从业者权力,方便他们协调各岗位人员,在最短时间内解决问题。这里首先要做的不是追责,因为这不是目的。而且以追责为目的的民宿,发展往往也不会太好。追责会让工作人员产生"自扫门前雪"的心理,会对发生的问题视若无睹。而且部分民宿所显现出来的问题(如水电老旧、客人过敏等),往往不是由于人员的不用心,因此追责不是目的。

要做到解决问题为第一要务,发现问题第一时间解决。这是给予发现者权力,发现者就是管理者，协调各方解决问题，避免造成不良的影响。通过这样的方式，可以增强从业者对民宿的认同感及团队的向心力，提高团队发现问题、解决问题的时效性。所有的经验和能力都是在不断地处理和解决问题的过程中锻炼出来的。因此，想要锻炼出足够优秀的团队，就要授予足够的权力。

3）鼓励从业者在民宿经营中行使权力的行为

人除了对物质的追求，更重视精神的满足。因此，在民宿经营中，除了给予从业者足够的物质保证，也需要给予荣誉的加持。不要忽视荣誉的力量，这种力量能够增强从业者对民宿品牌的归属感和荣誉感。当从业者在民宿经营中发现问题，并积极反馈，及时处理后，民宿主一定要及时地给予适当的鼓励，建议给予适当的物质奖励和荣誉表扬。这是因为年轻人需要物质作基础，荣誉作寄托。

小结

责任和权力是互为依托的，承担责任就要行使权力，这样才能确保责任的明确性。民宿的经营，其实就是责任和权力的履行过程。

3、民宿发展的利益实现与多方回馈

前文已经讲到了薪酬、晋升、激励、人文关怀等方面，这些都是民宿人的既得利益，也完成了责任、权力、利益三者的闭环。但是民宿的良性发展也可为周边，甚至更多方面带来利益。这里从这个角度加以阐述。

首先，民宿是在地的。以乡村民宿为例，它充分利用了闲置土地和房屋资源，通过筹集或引进资金的方式，打造了一个既不同于城市又不同于乡村的供城市人体验消遣的生活空间。它解决了闲置资源的问题，通过再利用将在地资源盘活。并且民宿的良性发展能够促进在地周边业态的发展和提升。比如消费者需要的食材，可以就地取材，促进在地农牧业的发展，为在地劳动力增收增产提供机会。

其次，从民宿主和民宿团队的角度来讲，民宿可以帮助他们实现情怀与自我价值。一则，民宿满足了民宿主对于理想居所的情怀与梦想，"以梦为马"的理想不再无用武之地；二则，对于民宿从业者以及团队来讲，经营民宿是一次历练，所有的经验都需要积累，而且这些经验是可复制的，是有价值的。

◎ 咖啡原舍

再次，对于消费者来讲，好的民宿可以提供给他们一个与以往不同的生活场景，可以放松、消遣、聚会、思考、创作等，城市人的心不再无处安放，疲惫的灵魂有了栖息的角落。而且民宿满足了多数人对精神的探索与故乡情结。多数城市人是脱胎于乡村的，老一代人对于乡土文化的怀念，年轻人对于逝去岁月的好奇与探索，在这里都能有的放矢。可以说，民宿是一个载体，是承载了多数人心灵与精神的载体。

最后，民宿是乡村建设的细胞，它符合国家乡村振兴大战略。而乡村事业过于庞大，需要大量的资金和人才介入，而且见效慢，乡村事业往往需要数年的时间才能见到效果。这对于投资人来讲，不是一个好的或者说可预期的项目，所以会慎重选择。而民宿作为细胞而存在，具有见效快、易引导的特点，受到众多投资人的青睐，也受到众多其他行业人才的关注与追捧。可以说，民宿在用其自身的方式，支持国家对于乡村振兴的事业。

 小结

民宿业态的"责、权、利"三位一体，互为依托，往小了说，是组成民宿内部职权平衡的重要因素，保证了民宿运营的稳定和有序；往大了讲，是协调周边业态与在地化扶持和发展的基础和依据，能够更好地回馈给民宿建设的各参与方。

04
运营搭建

第四章

运营：不积跬步，无以至千里；不积小流，无以成江海

民宿运营是指民宿日常运营过程中，所涉及的人、事、物的日常操作及管理。具体来说，民宿运营就是有计划、有组织地实施和控制民宿日常工作，并根据数据录入、统计和分析的结果，对民宿日常经营进行调整。这是一个在日常经营过程中发现问题和解决问题的过程。

姓名		岗位	市场总监	所属部门	
考核人			考核期限		
指标维度	KPI 指标	权重	指标计算/说明		考核得分
财务	市场推广费用控制率	10%	$\dfrac{实际推广费用}{计划推广费用} \times 100\%$		
	广告费用占销率	5%	$\dfrac{广告费}{销售额} \times 100\%$		
内部运营	市场调研计划完成率	10%	$\dfrac{实际完成市场调研数量}{计划完成市场调研数量} \times 100\%$		
内部运营	市场拓展计划完成率	10%	$\dfrac{市场拓展计划实际完成量}{计划完成量} \times 100\%$		
	大型公关活动次数	10%	以公共关系为传播目的，有计划地组织实施大型企业公关活动的次数。		
客户	市场占有率	15%	$\dfrac{当期企业某种产品的销售额（销售量）}{当期该产品市场销售总额（销售总量）} \times 100\%$		
	市场信息反馈率	10%	$\dfrac{市场信息反馈量}{企业规定的应反馈的信息量} \times 100\%$		
	媒体正面曝光次数	10%	在公众媒体上发表的正面宣传公司的新闻报道及宣传广告的次数。		
	品牌预购率	10%	$\dfrac{未来一年内预购某品牌产品的人数（家庭数）}{未来一年内预购该品类产品的人数（家庭数）} \times 100\%$		

指标维度	KPI 指标	权重	指标计算/说明	
学习与成长	核心员工流失率	5%	是指在一定时期内企业流失的核心员工数占该时段内核心员工人数的比例。	
	培训计划完成率	5%	$\dfrac{实际完成的培训项目数（次数）}{计划培训的项目数（次数）} \times 100\%$	
考核得分总计				
考核实施说明	品牌预购率可以用来衡量某一品牌在将来一段时间的竞争力。			
被考核人签字：	日期：	考核人签字：	日期：	复核人签字： 日期：

姓名		岗位	销售总监	所属部门	
考核人			考核期限		

指标维度	KPI 指标	权重	指标计算 / 说明	考核得分
财务	销售收入	10%	是指民宿通过卖房间间夜或提供其他餐饮、休闲旅游服务所获得的货币收入，以及形成的应收销货款。	
	新产品销售收入	10%	是指民宿在主营业务收入和其他业务收入中销售新产品和服务所实现的收入。	
	销售毛利率	10%	$\dfrac{销售收入－销售成本}{销售收入} \times 100\%$	
财务	销售回款率	10%	$\dfrac{本期实收销售款}{本期销售收入} \times 100\%$	
	销售费用率	10%	$\dfrac{销售费用}{销售收入} \times 100\%$	
内部运营	销售计划完成率	15%	$\dfrac{实际完成的销售额或销售量}{计划完成的销售额或销售量} \times 100\%$	
	销售增长率	10%	$\dfrac{本期销售收入－上期销售收入}{上期销售收入} \times 100\%$	
	退货率	5%	$\dfrac{退货数量}{经销商销售数量} \times 100\%$	
客户	市场占有率	5%	$\dfrac{当期企业某种产品的销售额（销售量）}{当期该产品市场销售总额（销售总量）} \times 100\%$	
	大客户保有率	5%	(1－考核期内大客户流失数/企业的大客户总数)×100%	

指标维度	KPI 指标	权重	指标计算 / 说明	
学习与成长	核心员工流失率	5%	是指在一定时期内企业流失的核心员工数占该时段内核心员工人数的比例。	
	培训计划完成率	5%	$\frac{实际完成的培训项目数（次数）}{计划培训的项目数（次数）} \times 100\%$	
考核得分总计				
考核实施说明	在计算退货率时，需对退货的产品进行清晰的界定，考虑是否计算质量不合格的产品或受到损坏的产品。			

被考核人签字：	日期：	考核人签字：	日期：	复核人签字：	日期：

姓名		岗位	物业总监	所属部门	
考核人				考核期限	

指标维度	KPI 指标	权重	指标计算 / 说明	考核得分
财务	主营业务收入	10%	是指物业管理企业在从事物业管理活动中，为物业产权人和使用人提供维修、管理和服务所取得的收入。	
	管理费用	10%	$\frac{管理费用}{主营业务收入} \times 100\%$	
内部运营	公共设施完好率	5%	$\frac{公共设施完好数}{公共设施总数} \times 100\%$	
	维修及时率	5%	$\frac{及时维修次数}{报修总次数} \times 100\%$	
	维修质量合格率	10%	$\frac{质量合格的维修单数}{总维修单数} \times 100\%$	
内部运营	绿化完好率	5%	$\frac{完好的绿化面积}{绿化总面积} \times 100\%$	
	环境卫生达标率	10%	$\frac{卫生考评达标次数}{卫生考评总次数} \times 100\%$	
	垃圾清运及时率	10%	$\frac{垃圾及时清运天数}{考核期总天数} \times 100\%$	
	安全事故发生次数	10%	在规定的运营时间段内发生安全事故的次数，一般以一年为限。	
客户	客户有效投诉次数	10%	在规定的运营时间段内发生的客户有效投诉次数，民宿内的客户有效投诉一般是针对客房服务和硬件舒适度，这与沟通性投诉的寻求帮助有所区别。	
	物业服务满意率	5%	调查对象对物业服务表示满意和基本满意的人员占总调查人数的比重。	

学习与成长	员工培训计划完成率	5%	$\dfrac{实际完成的培训项目数（次数）}{计划培训的项目数（次数）} \times 100\%$	
	核心员工流失率	5%	指在一定时期内企业流失的核心员工数占该时段内核心员工人数的比例。	

考核得分总计

考核实施说明	

被考核人签字：	日期：	考核人签字：	日期：	复核人签字：	日期：

姓名		岗位	工程总监	所属部门	
考核人			考核期限		

指标维度	KPI 指标	权重	指标计算/说明	考核得分
财务	施工产值	5%	指建筑施工企业和自营施工单位自行完成的建筑安装产值中与建筑施工直接有关的产值。	
	工程成本	10%	工程成本是围绕工程而发生的资源耗费的货币体现，包括了工程生命周期各阶段的资源耗费。	
财务	工程成本降低率	5%	$\dfrac{工程成本降低额}{工程预算成本} \times 100\%$	
	返工损失率	10%	返工工程损失金额与施工产值的比例。	
内部运营	工程项目计划完成率	10%	$\dfrac{考核期内实际完成的项目数}{考核期内计划完成的项目数} \times 100\%$	
	工期完成率	10%	$\dfrac{按定额（合同）工期竣工的单位工程数}{全部竣工的单位工程数} \times 100\%$	
	工程质量合格率	20%	（考核期内核定为合格的单位工程数（含优良工程）或面积）/（考核期内核定的单位工程数或面积）×100%	
	工程中标率	5%	$\dfrac{中标工程数}{投标总数} \times 100\%$	
内部运营	质量事故次数	10%	考核期内造成一定损失的工程质量事故的次数。	
客户	客户投诉次数	5%	在规定的运营时间段内发生的客户投诉次数，一般以一个月为限。	

学习与成长	核心员工流失率	5%	是指在一定时期内企业流失的核心员工数占该时段内核心员工人数的比例。
	培训计划完成率	5%	$\dfrac{\text{实际完成的培训项目数（次数）}}{\text{计划培训的项目数（次数）}} \times 100\%$
考核得分总计			
考核实施说明	工程成本分为直接成本和间接成本，在用这项指标对被考核者进行考核时，需事先对工程成本做出清晰的界定。		
被考核人 签字：　　日期：		考核人 签字：　　日期：	复核人 签字：　　日期：

◎ 民宿考核内容表

一、用数据说话：数据报表及数据分析

1. 民宿数据化管理体系的搭建基准

当今的世界格局奉行的是全球化模式，全球化模式的基本准则是数据全球化。通过对数据的整理和研究，能够直观地了解行业发展的态势，通过数据提供的信息进行策略调整，从而确保行业的稳定性与可持续性。民宿业态同样需用数据化管理进行武装，通过民宿日常经营中所统计的数据信息，结合民宿行业整体态势，对数据进行充分地挖掘和分析，能够直观的了解民宿经营的基本状况，发现运营中不足的地方，为民宿主提供准确的战略调整参考。

1）民宿数据化管理体系搭建的作用

（1）及时掌握数据指标，促进民宿调整经营策略。通过数据化管理体系能够拨冗理杂，在繁琐的民宿经营中挖掘出真正影响民宿运营的重要环节，结合民宿整体业态发展状况，整合最有时效性的行业信息，让民宿主大幅度增强决策效率与改善决策状况。

（2）随时线上分析处理，降低整体营运成本。众多民宿业态的竞争，大都是经营层面的竞争，难免会产生众多损耗和浪费，通过数据化管理可以明确哪些环节耗费甚多，哪些环节可以裁撤，从而有效降低整体运营成本。

（3）便于促进协同合作，提升品牌核心竞争力。通过民宿数据信息，明确问题所在，充分调动民宿各方资源，迅速、有效填补不足。并通过全员参与行为，极大地调动整体向心力，提升品牌核心竞争力。

小结

对日常数据进行观察，往往能够发现细微的问题，及时进行调整，确保一个良性的运转，用数据制胜于其他民宿。

民宿数据化管理体系的搭建，作为民宿日常运营的晴雨表，能够直观反映民宿的健康程度，进而持续地调整人员职责与岗位分配。民宿数据化信息对于吸引投资、众筹以及品牌拓展等均具有极大意义。

2）民宿的数据化管理，应当遵循以下几点原则

（1）确定数据的准确性。这里包含了数据维度选择的合理性、数据统计的准确性。如果数据维度选择不合理、数据统计结果不精确，是无法得出正确的分析结果的。

（2）明确影响数据的因素。数据会受到多种因素的影响。这些因素有内部的和外部的，运营人员应当尽可能地了解所有层面的影响因素，以保证对于数据的解读是在一个相对正确的范围内。

（3）重视长期的数据监测。在运营数据分析中，经常会使用环比和同比方式来对比数据。简单地说，环比是本日与前一日的对比、本月与上月的对比、本季度与上季度的对比；同比是今年当日与去年当日的对比、今年当月与去年当月的对比、今年当季度与去年当季度的对比。环比可以帮我们了解短期的数据波动，而同比可以帮我们了解大环境下的数据波动。

（4）保持客观的视角。在数据分析的过程中，客观性非常重要，不以物喜不以己悲，做了错误的操作带来的不利影响要承认，获得了超出意料的成果也要心平气和。切忌挑选只有利于自身的结论，这是职业道德的问题，也是职业发展中常见的问题。

（5）注意剔除干扰项。实际的工作中，碰到的很多问题可能是干扰项。例如，在一个相对平稳的曲线中，某个点突然出现了强烈波动，这时候需要全面地了解这个波动产生的原因，如果无法确认原因，就剔除这个波动，否则很难获得一个正确的结论。

** 民宿项目竞争对手列表											
序号	民宿名称	风格	开业时间	房间数	携程评分	途家评分	缤客评分	平均房价	地址区域	餐厅	公区	其他
1											
2											
3											
4											
5											
6											
7											
8											
9											
10											

◎ 民宿项目竞争对手列表

2. 民宿需要哪些数据作支撑：营收数据、水电用度、获客数据、材料损耗、营销成本

作为一个健康的民宿业态，应当采用哪些数据作支撑呢？营收数据、水电用度、获客数据、材料损耗、营销成本等，都是十分重要的数据材料，并且是最基本的需要统计的数据。作为民宿主及经营者，需要持续地查看这些数据，从而了解民宿运营的状态，并根据数据所透露的信息进行调整。

◎ 民宿数据参考要素

数据分析是一门艺术，更是一门技术。在精细化运营的大背景下，如何用数据分析来解决民宿日常的经营问题，需要认真负责的态度，同样需要极高的专业度。根据重要程度，民宿需要制作以下数据。

 小结

民宿日常运营中，需要通过多维度数据进行运营管理，并持续调整策略，保持民宿的良性运营。

1）营收数据

营收数据主要是指财务统计数据。它是民宿运营数据中最重要的数据。民宿终究是一门生意，而做生意盈利是第一准则。财务数据最能直观地体现出营收情况，需要专业的财务人员制定财务数据，并持续地对资金流向进行把控，按照时间节点出具财务报表，并向民宿主说明解释。民宿主需要重点关注民宿经营中的成本、利润、流水等数据，从而了解在各运营环节中的费用支出比重，试算运营中的投入产出比率，而后调整民宿经营策略，优化投入推广策略。

2）水电用度

水电用度是民宿运营中基本的支出成本。民宿运营的基本原则无非四个字：开源节流。从"节流"的层面来讲，民宿需要对水电等基本用度进行合理的把控，可以通过选用材料、限制频次、使用环节等方式进行优化，减少水电损耗。制定水电用度数据的意义是，通过水电用度数据反馈，来持续地优化方式方法，降低水电损耗，从而避免不必要的成本支出，把成本用在应当消耗的地方。

一、基建装修投资成本					
序号	工程内容	数量	单价	总价	备注
1	拆除房顶				
2	翻墙、浇筑房顶				
3	卫生间房顶				
4	房间地面				
5	内墙涂料				
6	外墙涂料				
7	卫生间防水				
8	卫生间楼梯				
9	房顶保温				
10	新建二层钢材				
11	空调钢架底座				
	总计				

◎ 基建装修投资成本表

二、水电投资成本					
序号	工程内容	数量	单价	总价	备注
1	上水开槽				
2	冷热水管				
3	下水挖沟				
4	房间电路				
5	室外闸箱				
6	室内分闸箱				
7	电缆				
	总计				

◎ 水电投资成本表

		三、中央空调、热水投资成本					
序号	名称	型号	数量	单价	总价	备注	
1	风冷冷（热）水模块机组	LR3003SQFM					
2	卧式暗装风机盘管1	FP-51WA					
3	卧式暗装风机盘管2	FP-136WA					
4	循环水泵	30M3/H 20M 5KM					
5	稳压罐	400mm					
6	三速开关						
7	铜球阀1	DN20					
8	软接管	DN20					
9	Y形过滤器1	DN20					
10	自动排气阀	DN20					
11	铜球阀2	DN32					
12	金属软接	DN32					
13	涡轮蝶阀	DN65					
14	橡胶软连接	DN65					
15	Y形过滤器2	DN65					
16	止回阀	DN65					
17	镀锌钢管	DN20					
18	PVC-U	De32					
19	温度计、压力表						
20	复合风管						
21	橡塑保温	25mm					
22	双层百叶送风口	600×200					
23	单层百叶送风口	1000×200					
24	帆布软连接						
25	固定角钢支架						
26	人工费						
总计							

◎ 中央空调、热水投资成本表

四、五金、灯具投资成本							
序号	名称	品牌	型号	数量	单价	总价	备注
1	马桶						
2	面盆						
3	面盆桌						
4	毛巾架、水杯架						
5	花洒						
6	浴帘						
7	化妆镜						
8	廊灯						
9	卫生间灯						
10	卫生间排风						
11	卫生间镜前灯						
12	客厅灯						
13	楼梯灯						
14	卧室灯						
15	床头灯						
16	水龙头						
17	地漏						
18	下水管						
19	走廊壁灯						
20	大厅射灯						
21	大厅灯						
22	前台灯						
23	露台灯						
24	公用楼梯灯						
25	其他效果灯						
总计							

◎ 五金、灯具投资成本表

五、家具投资成本							
序号	名称	品牌	型号	单价	数量	总价	备注
1	床垫						
2	架子床						
3	房间门						
4	卫生间门						
5	宿舍门						
6	布草间门						
7	防火门						
8	穿衣镜						
9	L形单体沙发						
10	茶几						
11	储物柜						
12	折叠沙发						
13	条案/书桌（椅子）						
14	衣架						
15	行李架						
16	折叠床						
17	床						
18	床头柜						
总计							

◎ 家具投资成本表

六、电器投资成本								
序号	名称	品牌	型号	数量	单价	总价	备注	
1	电视							
2	电话座机							
3	无绳电话							
4	电吹风							
5	热水壶							
6	对讲机							
7	保险柜							
8	投币保险柜							
9	服务器							
10	台式电脑							
11	笔记本电脑							
12	针式打印机							
13	一体式打印机							
14	手机							
15	网费							
16	PMS							
17	歌华电视							
18	公安系统							
19	USB 插座							
总计								

◎ 电器投资成本表

			七、布草投资成本				
序号	名称	规格	数量	单价	总价	备注	
1	床单						
2	被套						
3	枕套						
4	被子						
5	枕芯						
6	保护垫						
7	毛巾						
8	浴巾						
9	地巾						
10	床尾巾						
11	浴室防滑垫						
12	地垫						
13	床单2						
14	被套2						
15	枕套2						
16	被子2						
17	枕芯2						
18	保护垫2						
19	毛巾2						
20	浴巾2						
21	地巾2						
22	床尾巾2						
23	浴室防滑垫2						
24	地垫2						
总计:							

◎ 布草投资成本表

八、清洁用品投资成本

序号	成本类别	内容	单价	数量	金额	费用说明
1	布草清洗	被套				
2		床单				
3		枕套				
4		浴巾				
5		毛巾				
6		方巾				
7		抱枕套				
8		榻套				
合计						

◎ 清洁用品投资成本

九、总投资成本

序号	项目	备注明细	总金额
1	基建装修		
2	水电		
3	中央空调、热水		
4	五金、灯具		
5	家具		
6	电器		
7	布草		
8	清洁用品		
总计			

◎ 总投资成本表

3）获客数据

顾名思义，获客数据就是针对到店客人的数据统计。可参考互联网用户数据系统，将消费者行为分为四个类目，通过对这四个类目进行分析，可以了解获客方面具有哪些不足，哪些地方可以再优化调整。

（1）新用户。指第一次到店体验的用户，无论是线上预订的用户，还是直接到店入住的用户，都是新用户，需要重点进行信息采集与统计，并计入获客数据。

（2）回头客。指二次或多次到店的用户，此类用户忠诚度较高，对民宿的认可度也较高，在健康的民宿业态中，新用户和回头客的比例一般为6:4。

（3）天使用户。此类人群对民宿品牌的认可度最高，并且愿意自发传播和推广民宿品牌，并持续地关注民宿，会积极提出调整建议。

（4）流失用户。指到店后，就不再体验的人群。可能是就来了一次，也可能是来了多次就不再来，背后所传达的信息截然不同。客人第一次到访就流失的情况，说明民宿对消费者不能构成吸引力，需要对产品方面进行优化调整；多次到访后流失的情况，说明民宿对消费者的关怀与服务不到位，需要对服务环节进行优化升级。

客户来源分析表		
地域来源	渠道来源	目的来源
本地客户	OTA渠道	商务出行
就近区域客户	散客来源	家庭团聚
外地客户	旅行团	亲子游玩
	转介绍客户	户外休闲
		企业团建

◎ 客户来源分析表

4）材料损耗

民宿在设计施工开始，便需要大量的材料介入，为了营造具有温度感的舒适空间，需要大量软装配饰。开门营业之后，床上用品、洗漱用具、灯箱媒体等都是民宿运营中所必需的材料。注重用户体验的民宿，会对选材进行高标准严要求，成本自然就上来了。然而，材料都是有损耗的，无论是人为损耗，还是自然损耗，这些都是不可避免的，需要通过制定材料统计数据，实时了解材料损耗程度，确保给用户提供最好的体验，保持民宿良好的品牌。

5）营销成本

营销成本是民宿日常运营中的必要投入。民宿品牌的推广、流量引入、获客等，都需要相应的成本投入。营销成本按照不同的使用途径，又分为推广费用、销售成本、市场费用、人员费用等。如何衡量营销投入的效果？是否能达到一个合理的范围？是否能带来相匹配的回馈产出？这些都需要通过营销数据来体现，并比对不同使用途径所带来的流量反馈，进行营销方式的调整。参考同行业营销投入比重，结合时下流行品牌的推广方式，进行优化调整，这就是营销数据的意义。

一次性物料损耗表						
名称	用量/每天/每间	单位	单价	房间数	年用量	年总金额
洗发水						
沐浴露						
护发素						
润肤露						
剃须刀						
浴帽						
香皂						
梳子						
牙刷						
护理包						
拖鞋						
垃圾桶						
水						
香薰						
卷纸						
抽纸						
垃圾袋						
总计						

◎ 一次性物料损耗表

投入产出计划年表					
月份/天数	总房间数	出租率	平均房价	间夜量	年基础任务
一月/31天					
二月/28天					
三月/31天					
四月/30天					
五月/31天					
六月/30天					
七月/31天					
八月/31天					
九月/30天					
十月/31天					
十一月/30天					
十二月/31天					

◎ 投入产出计划年表

 小结

通过对民宿日常运营数据表格的观察分析，民宿主可以直观了解民宿运营过程中的不足和问题所在，直接了解哪里需要调整和改善。

3. 客观数据体现出来的民宿问题

数据信息在各行各业中都具有重大作用和意义，不仅具有指导作用，还可以反映经营中存在的不足，因此，民宿日常运营中，必须搭建自己的数据化管理体系，用数据监督运营中的各个环节，从而随时调整经营方式和策略，避免造成损失。同时，无论是从主观角度还是客观角度来看，数据化管理都具有无可替代的作用。以下从两个方面进行分析说明。

首先，人的主观意识是会骗人的。虽然人的主观能动性具有强大的动力和推动力，但主观意识难免存在偏见导致误判。对民宿而言，具有设计师气质的民宿主人，难免会过于强调民宿的外观设计，而忽视消费者的主观体验及产品的设计；从酒店行业跨界做民宿的人，同样会难以避免地陷入酒店标准的主观意识中，从而将民宿过分标准化，偏离了民宿本身应有的特色。市场上，很多过于注重主观意识的民宿经营状态不是很好，因为他们过于强调自我的感觉，而没有去了解消费者的购买意愿和真正需求。所以在民宿经营过程中，通过对运营数据的观察分析，民宿主能够发现过于强调主观意识所衍生的错误，从而有针对性、有目的地调整和改进，从而满足消费者的消费需求，从基本层面保证民宿的持续生存。

© 白描艺术酒店

其次，要研究客观数据背后的逻辑。万事万物均有其自身的规律和逻辑，善于发现和利用规律的人，往往能够做好任何事情，处理好任何关系。一旦抓住了自然规律，就可以在规律的基础上，制定相应的标准和流程。所以，马化腾抓住了人们对社交的需求，创立了腾讯；马云抓住了人们的购买惰性，创立了阿里巴巴等。无数成功的企业都遵循并制定了相应的规律，而得以壮大发展。民宿业态，作为时下火热的行业，吸引着众多入场的人进来，其背后也有自身的规律，而多数人需要通过多年的经营才能够了解一二，但是通过数据支撑是能够发现捷径的。数据具有客观性，客观是规律的标准，通过数据了解民宿运营背后的逻辑，才是民宿数据化管理体系的真正目的。了解民宿运营背后逻辑，便可以制定更多符合消费者需求和体验的产品和空间。

 小结

民宿运营数据是客观依据，依托于客观事实的主观意识才是正确的，所做的决定才不会偏离正确的道路。

4. 持续关注数据让其反馈更多信息

民宿行业同其他众多行业一样，都是需要人去经营、去体验、去消费的模式。它是基于旅游和住宿的衍生品，那么，它是怎么衍生出来的呢？从人的行为习惯上来思考，人天然具有出行的需求和猎奇的习性，所以就衍生了旅游行业。而住宿是人的基本生存需求，所以基于旅游业态，衍生出了酒店。而随着生产力的发展，消费水平的提高，人们的需求逐渐从物质向精神迭代，人们已不满足于传统的酒店业态，更倾向于一种自然的、舒适的、生态的住宿体验，这是民宿得以发展的重要基础。

© 白描艺术酒店

最先知道"民宿"业态会诞生的人是哪些呢？一定是从事旅游、酒店业态的人，他们更了解消费者的需求变化，除了多年行业经验的积累，同时更多的是参考数据的反馈。数据可以反映出消费者消费习惯和消费行为的变化，所以旅游及酒店业态的人是最先具有危机意识的。而真正抓住消费者的需求率先进入民宿业态的人应该是具有媒体和设计属性的，因为他们是人们精神追求的代表。无论是旅游、酒店行业的人，还是具有媒体和设计属性的人，他们关注民宿的行为都是基于市场，而市场本身就是大的数据熔炉。

市场环境的变化就是大层面的数据报表，它能传达很多数据信息。而就民宿而言，民宿数据不仅能反映民宿的经营状况，也能反映出行业发展以及潜在的变化趋势。当然，民宿运营人员只要关注数据所反映出的民宿经营问题就好，但是民宿主就应当挖掘数据所传递的更深层次的信息，即基于数据所隐藏的行业趋势。

小结

民宿数据的分析其实有两个层面。一是基于民宿自身的数据分析，属于微观形态，通过日常运营数据的观察分析，对民宿业态不断调整，从而确保持续盈利；二是基于市场趋势的分析，是宏观形态的分析，通过对市场趋势的变化预测未来的走势，从而制定相应的民宿策略以应对未来的市场。

二、形象识别体系，第一眼就爱上

1. 形象识别体系的重要性和标准

世界上著名的企业（如美国通用、可口可乐、日本佳能、中国银行等）都建立有自己的一套完整的企业形象识别体系。他们能够在竞争中立于不败之地，与科学有效的视觉传播不无关系。近20年来，国内众多企业逐渐开始重视形象识别体系，并在市场竞争中取得了极大的成功。形象识别体系同商标认证、品牌保护一样，越来越受到人们的重视与关注。

民宿业态也属于商业范畴，所以也应当具有区别于其他品牌的形象识别体系，从而从品牌、形象等诸多方面区分开来，同时也是提升自身营销能力的一种体现。民宿通过形象识别体系的设计，对内可以增强从业者的认同感、归属感与使命感，加强民宿内部凝聚力；对外可以树立民宿的个性化形象，从而进行资源整合，将民宿信息有针对性地传达给同频的消费者。

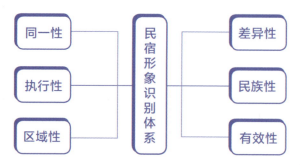

◎ 民宿形象识别六要素

民宿业态在设计自身的形象识别系统时,应当坚持把握"同一性、差异性、民族性、有效性、区域性、执行性"等基本标准。

1)风格统一

为了达到民宿业态对外传播的一致性,自上而下,从意识形态到实际应用中,都应当做到统一设计与统一传播,给外界传达一个统一的形象,给消费者留下整体的印象。从民宿形象识别设计的各种要素中,予以标准统一的规范设计,并坚持长期一贯的使用,不能轻易变动。在对外传播的过程中,要采用简化、统一、系列、组合、通用的手法,将民宿形象识别体系有效地传播出去。

2)差异对比

民宿作为非标业态,必须是个性化的、与众不同的,这不仅符合民宿的个性,还能极大地获得消费者的认同,因此,差异性的原则十分重要。差异性首先表现在不同行业的区分,如化妆品行业与制造业的形象特征就是截然不同的。在进行民宿形象识别体系设计时,要突出民宿本身的属性,才能有效地区分于其他行业的形象特征;其次必须突出与同行业间的差异,才能独具风采,脱颖而出,这一点在民宿业态中比较普遍。

3)人性考虑

民宿的形象识别体系设计要更多地从受众的角度出发,考虑他们真正需要的是什么,他们喜欢什么类型的民宿等,深度挖掘消费者对民宿形象的理解与认识。基于人性思维的角度,设计民宿识别体系时,应设计更具亲和力和辨识度的形象标识,从视觉层面获取消费者的情感认同与体验热情,使消费者更具传播分享的兴趣。

4)区域考量

民宿应该依据不同地区的特有文化、周边消费群体的消费属性等进行形象识别体系设计。民宿本身是在地文化的体现。符合在地化形象的识别体系,能够极大地增进消费者的品牌认同感,同时促进区域协同发展。比如北方民宿多为院落结构,更偏乡土气息;莫干山民宿群则更加注重软装设计,注重与自然的结合统一。这些都是基于区域性文化差异所制定的形象设计。

小结

制定民宿品牌的形象识别体系时，既要遵守识别体系的基本标准，同时也要结合自身情况。在标准化的前提下，应极大地体现自身特色。

5）有效实施

民宿形象识别体系不能是花架子，必须得到有效的推广应用。民宿形象识别体系的有效性，能够有效地发挥树立良好民宿形象的作用。在策划设计时，民宿应根据情况制定与自身发展战略相同的形象定位。民宿形象识别体系是民宿发展过程中的软性实力，是十分重要且繁琐的系统工程，其制定与推广都要结合实际市场情况与消费需求，有针对性地设计形象并应用推广。

6）严格管理

民宿形象识别体系不是固化的符号标志，而是传达民宿内涵、个性、气质的展现形式。因此，形象识别体系设计应当多角度、全方位地反映民宿的品牌定位与经营理念。在日后经营过程中，要充分注意民宿各岗位从业人员的标准性，严格按照形象识别设计手册的规定执行。

2. 民宿中哪些地方需要体现形象识别体系

民宿作为具有主人公特色的非标住宿，提供的不仅仅是食宿空间，更是一种生活空间与体验场景，这与标准酒店的性质全然不同。但是在形象识别体系设计上，民宿与酒店具有相同的要素和组合，其中基本的要素是民宿形象的根本组成部分，也是最基本的要素结构，包括品牌名称、民宿 logo、标准字体、标准色彩、象征图案、宣传口号，这些都是民宿形象识别体系中的基本要素，如下所示：

民宿视觉识别体系项目	
1. 民宿 logo	a. 民宿 logo 及 logo 创意说明 b. logo 设计文件 c. logo 反白效果图 d. logo 标准化制图 e. logo 适用空间与使用说明
2. 民宿标准字体	a. 民宿全称中文字体方格坐标制图 b. 民宿简称中文字体方格坐标制图 c. 民宿全称英文字体制图 d. 民宿简称英文字体制图
3. 民宿标准色彩	a. 民宿标准色（印刷色） b. 辅助色系列 c. 背景色使用规定 d. 背景色色度、色相

4.民宿象征图案	a. 象征图形彩色稿 b. 象征图形组合规范
5.民宿专用印刷字体	a. 民宿专用中文印刷字体 b. 民宿专用英文印刷字体
6.基本要素组合规范	a. 标志与标准字组合多种模式 b. 标志与象征图形组合多种模式
民宿识别体系应用设计	
1.办公应用品系统设计	a. 文件袋 b. 员工工服 c. 易拉宝 d. 收银夹 e. 公区水牌 f. 名片 g. 胸牌 h. 桌纸 i. VIP卡 j. 礼品盒
2.主视觉体系系统设计	a. 店面牌匾招牌中英文标准字与图形组合应用 b. 外立面墙体视觉效果图 c. 外立面日间、夜间视觉效果图 d. 房间门牌、楼道指示牌、公区水牌 e. 民宿内外灯箱设计

◎ 民宿识别体系内容

（1）品牌名称。民宿的名称和民宿形象有着紧密的联系，是形象识别体系设计的前提。民宿名称必须符合几点标准：必须反映民宿的理念与民宿主的思想；易于识别、记忆，避免晦涩难懂；要简洁明了，让人容易产生联想；在进行名称展示时，或在其他的名称应用中，应当与商标、品牌一致；不仅要贴合消费人群，还要保有自身调性。

（2）民宿logo。logo是民宿的象征符号，是识别体系中的核心基础，通过简练的造型、生动的形象传递民宿的理念、具体内容、产品特性等信息。logo的设计不仅要具有强烈的视觉冲击力，而且要表达独特的个性和时代感，必须广泛地适用于各种媒体且能用不同材料制作，这一点尤为重要。民宿的logo可以用图形表现，可以用文字表现，也可以用组合形式表现。民宿logo应以固定尺寸标准在设计形态中应用。

（3）标准字体。民宿的标准字体要与民宿名称、品牌和属性相一致。标准字体应能直接传达民宿品牌并强化民宿形象和传播力。可根据使用方向的不同，设计多种标准字体（不

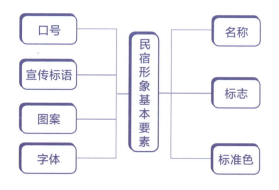

◎ 民宿形象基本要素

超过三种）。字体的设计要求字形正确、富有美感并易于识读。字体的线条和结构设计应尽量清晰、简洁、富有装饰感。注意字体的系统性和延展性，使其能适用于各种媒体并能用不同材料制作。

（4）标准色彩。民宿的标准色彩在特定场合作为企业色使用。标准色彩可以引起人们的心理反应，表现出民宿的经营理念，体现出民宿的属性和情感。标准色彩在视觉识别符号中具有强烈的识别效应。标准色彩的确定要根据民宿的属性，突出本民宿与其他民宿的差别，并创造出与众不同的色彩效果。标准色彩的选用是以国际标准色彩为标准。民宿选用的标准色彩不宜过多，建议不超过三种。

（5）象征图案。象征图案主要是为了配合基本要素在各种媒体上的应用而设计的，要体现民宿的精神，起到衬托和强化民宿形象的作用。象征图案的丰富造型可用来补充标志符号建立的民宿形象，使其意义更完整、更易识别、更具表现的幅度与深度。象征图案的应用要有强弱变化，明确的主次关系，不能比品牌名称及 logo 抢眼，并根据不同媒体需求做各种展开设计，以保证民宿识别形象的统一性和规范性。

（6）宣传口号。宣传口号是根据民宿属性和理念而研究出来的一种文字宣传标语。宣传口号要求文字简洁、朗朗上口。准确而响亮的宣传口号，对内可以激发从业者对品牌的认同感，对外能表达民宿发展的目标和方向，加深民宿在消费者心里的印象。其主要作用是对民宿形象和民宿产品的补充，使消费者快速了解民宿理念及思想，并对民宿留下深刻印象。

> 民宿识别体系搭建其实就是民宿品牌形象内容的搭建，通过色彩、文字、图形等元素的包装打造，让民宿具有区别于其他品牌的特质。

应用要素系统设计是对基本要素系统的应用过程，在各种媒体上的应用和制作具有明确的规定。当民宿基本要素（logo、标准字体、标准色彩等）确定后，就要对这些要素进行精细化制作，开发各种应用项目。应用要素根据不同的场景、场合，具有不同的组合形式。最基本的是将民宿的品牌名称和 logo 进行组合，以配合各种应用项目。应用要素系统大致有如下内容。

（1）办公事务用品。办公事务用品应充分体现强烈的同一性和规范性，传达民宿的理念和精神。办公事务用品中的 logo、名称、图案应按严格的规定进行设计，以形成严肃、完整、精确和统一规范的形式，给消费者以严肃认真的感受，并体现出民宿的风格，同时也展示出民宿主及从业者对民宿各标准的严格要求的态度。民宿办公事务用品包括名片、徽章、工作证、文件夹、工作纸、书写笔、账票、备忘录、资料袋、公文表格等。

（2）民宿外部环境。民宿外部环境是民宿的外在视觉体现，是公开化的、有特色的群体设计，是标志着民宿面貌特征的系统。设计上要符合基本要素标准，突出和强调民宿属性，并在周围环境当中，充分体现民宿形象统一的标准化、正规化和坚定性，以便让消费者在民宿外观方面获得好感。外部环境主要包括建筑造型、门面、院落、招牌、路标指引牌等。

© 白描艺术酒店

（3）民宿内部环境。民宿内部环境包括接待前台、公共区间、会议室、餐厅、客房等内部环境形象。设计是把民宿识别标志贯彻于民宿室内环境当中，从根本上塑造、渲染、传播民宿识别形象，并充分体现民宿形象的同一性。民宿内部环境主要包括民宿内部各区域标志、房间门牌、货架标牌、导引牌等。

（4）服装服饰。整齐划一的服装服饰，可以给人认真整洁的感觉，可以赢得消费者对民宿的好感，也可以促进从业者对民宿的归属感、荣誉感和认同感，改变从业者的精神面貌，促进工作效率的提升，并引导从业者自发遵守工作制度并激发责任心。服装服饰的应用设计，应严格区分出符合不同岗位的着装，按照性质、特点及工作职级设计不同的服装服饰，主要有工作制服、礼仪制服、文化制服、工作牌、胸卡等。

◎ 民宿服装服饰

（5）广告媒体。广告是一种有计划的、整体的、宣传性极强的传播方式，可在短期内以最快的速度，在最广泛的范围中将品牌推广出去，这是现在各行业通用的手段。民宿可用的广告媒体主要有互联网、自媒体以及传统媒体。

（6）产品包装。民宿除了售卖间夜，还有其他售卖形式，以及其他的产品形式。产品包装及宣传应遵循应用要素体系设计标准，从而与民宿整体基调一致。产品包装起到保护、传播和维护形象的作用，是一种符号化、信息化、商品化的品牌形式，代表着民宿的形象，所以系统化的包装设计具有极强的推销作用。产品包装主要包括纸盒包装、纸袋包装、木箱包装、玻璃包装、塑料包装、金属包装等。

 小结

　　民宿形象识别体系的应用标准：将所有元素均在应用过程中有所体现，从而达到民宿品牌的传播与推广，起到众所周知的作用。

（7）礼品赠送。多数民宿在日常经营中，为了增进消费者的好感与复购率，会通过礼品赠送的方式，拉近民宿与消费者之间的距离，因此礼品设计要富有人情味，用以联络感情、沟通交流、协调关系。礼品设计一般会宣扬形象，是一种组合表现形式。同时礼品赠送也是一种行之有效的广告形式。礼品的种类主要有摆件、雨伞、纪念章、礼品袋、钥匙扣等。

（8）陈列展示。民宿的产品营销活动通常会以突出民宿形象，并以民宿产品的销售和传播为主。设计时要突出陈列展示的整体感、顺序感和新颖感，以表现出民宿的精神风貌。陈列展示主要包括橱窗展示、展览展示、货架展示等。

（9）印刷出版物。民宿的印刷出版物代表着民宿的形象，直接作用于民宿的关联者和消费大众。设计是为了取得良好的视觉效果，充分体现出强烈的统一性和规范化，表现出民宿经营的理念，编排要一致，固定印刷字体和排版格式，并将民宿 logo 和标准字体统一安置在某一特定的版式风格中，形成一种统一的视觉形象来强化公众的印象。印刷出版物的内容主要包括民宿介绍、民宿计划书、房型介绍、各媒体宣传方式等。

◎ 奢野一宅 · 天竺

民宿的形象识别体系设计规划与实施执行，是一种循序渐进的计划性作业，但民宿行业尚无成熟的设计规划与实施经验可循，因此整个计划的进行与推展，可以参考国内外企业的经验，其设计流程大致上可分为下列五个阶段。

（1）民宿调查阶段。了解民宿业态的现状（如外界环境和内部条件），并从中确定民宿的实际规划与发展策略。

（2）形象确立阶段。以调查结果为基础，分析内部、外界、市场等诸多因素，来拟定民宿的定位与应有形象的基本概念。

（3）作业展开阶段。把基本形象概念转变成具体可见的信息符号，经过精致作业测试调查，确定完整可行的民宿形象识别体系。

（4）完成导入阶段。重点在于确定导入实施项目的优先顺序，策划推出民宿识别体系内容。

（5）监督执行阶段。严格执行遵守形象识别体系，并实时监督执行过程中出现的问题，后期不断地调整完善。

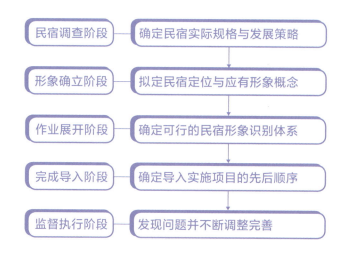

◎ 民宿形象识别体系设计流程

民宿的形象识别体系，是民宿战略发展的重要环节，与民宿品牌推广相趋同。合格的形象识别体系具有画面感，能够让人记忆深刻，并且形象识别体系中的各要素必须要体现在所有日常应用当中。

三、供应链的选取与标准

民宿的品控决定着能给消费者提供什么样的服务和标准。通常以消费者为主导的民宿业态都十分注重对品控的把握，因此，供应链方面是民宿轻易不能触碰的高压线，一旦触碰了，轻则造成资金财产的损失，重则丢失消费者，影响民宿品牌信誉度。对于民宿业态来讲，高品质的服务、多场景的空间等对消费者十分重要，同等地位的、高标准的供应链也是至关重要的。无论是日常用品的选购、用餐食材的选取，还是供应链的管控，每一个环节都要精益求精，切莫得过且过。

> **小结**
>
> 民宿业态在选择供应链时,首先要制定一套与之相符的标准来制约行为,还要选取与自身相匹配的产业链与供应链。

1. 民宿日常用品选购标准

民宿需要通过物品采购和陈设,来加强消费者的体验感,从而提供更好的服务,因此物品的选购是民宿的核心关注点。对于品牌化连锁民宿业态来讲,品牌的坍塌往往是物品采购环节的问题,对于小体量民宿,严格标准的物品选购,能够极大地促进消费者的认可与传播,甚至有成为知名民宿品牌的可能。

对于民宿来讲,很少会专门设置采购人员一职,通常民宿主就把这活干了。保持对物品选择的高标准、严要求,其实就是在维护民宿品牌形象。而具有情怀的民宿主更重视自主选择物品的喜好,这里要强调的是,不能一味地追求造型奇特、新颖的物品,还要考量它是否安全卫生,以及用户体验是否舒适等。

◎ 奢野一宅·天竺

对很多民宿业态而言，可供选择的供应链越多，供应链之间的竞争就越激烈，降低采购成本的可能性就越大。民宿采购市场变成买方市场的后果是物品会通过降低质量和价格，来获得采购订单，谋求"短期合作"。而通常此类的合作，不仅会影响民宿的形象及用户的口碑，也会影响供应链未来的生意前景。

而对成体量的连锁型民宿品牌而言，民宿主不会亲自采购物品，而是会设置相应的岗位负责采购任务。民宿主应当将关注点放到采购的执行和供应链的管理层面。享誉全国的海底捞每日顾客盈门，所需用品（食材）繁杂且数量庞大，因此极为重视对采购环节的品质把控。海底捞的采购环节分为两大层面。

（1）执行层。海底捞的采购一般分为三种：第一种是从现有的供应商信息库中抓取；第二种是通过招标平台发布需求，供应商自行竞标；第三种则是市场询价，比如当地的农产品批发市场。在这个过程中，催货员、采购员和品控员确定采购细节，并把数据反馈给后端管理层。

（2）管理层。在后续的供应商管理中，海底捞采用了积分制的方式。从供应商与海底捞开始合作起，海底捞即开始追踪供应商的到货时间、到货品质、合作态度等，并根据执行层的反馈相应评分，计入供应商的绩效考核。根据积分，海底捞会进行月度、季度、年度的汇总，借此决定供应商的晋升和淘汰。供应商晋升会分得更多的订单和区域权利，反之则会不断削减订单直至淘汰出局。

两层分离制度的实行，能够极大地弱化采购岗位的权力，在采购环节实现了监督、执行、管理的三权分离。执行部门只负责寻找供应链，并与供应链谈判，没有定价权和选择决定权，这些权力属于管理层。管理层会根据民宿本身的用品成本导向、市场均价和历年数据来决定采购的价格范围，并制定采购需求单。

这种做法的优势显而易见，用流程供需来限制人的自主权力，极大地降低了由于人员的徇私舞弊而带来的不良后果，并且能够确保良好的民宿品牌形象。通过建立完整且可筛选、管理和淘汰的体系，有效保证了民宿物品采购的稳定性。在具体执行的过程中，以下几个小技巧较为重要。

（1）在选定供应商之前要多次谈判。民宿在选定供应商之前，一定要与之进行多轮谈判。以供应商的人品、资质、供应链系统和风险承担能力为评估指标进行背景调查、合作伙伴调查和供销合同调查，同时，要求供应商给予一定的商务承诺。

（2）品相整合，抱团采购。民宿可以将不同类型的物品整合成客房、餐厅、公区、前台、户外等几大品类。每个品类只需要选用少数的一手供应商。这种做法的优势十分明显：第一，对接的供应商数量一旦减少，民宿的负担随之减少；第二，在民宿采购量达到一定规模后，供应链上游的供应商会明显提升对民宿的服务速度。如果民宿采购达不到一手供应商的最低要求，不妨采用抱团采购的方式，比如把公区、前台报给同一个供应商，让其对接相应的物品，从而形成议价优势，降低采购成本。

（3）不逼迫供应商降价。民宿和供应商争论的焦点比重最大的是价格方面，羊毛出在羊身上，当价格低到无法满足供应商的利润空间时，各种防不胜防的小动作将在暗中滋生。此时，不妨换个思路，寻求和供应商双赢的合作方式。比如，民宿可以和供应商进行跨界合作和品牌联合，要求供应商拿出部分货品做活动。如此一来，既有助于降低采购成本，又能让供应商实现品牌宣传的目的，一举两得。

小结

"他山之石，可以攻玉。"在不确定如何选择合适的供应链时，不妨借鉴其他行业的优秀做法，并且在充分"惠及他人"的前提下，确定好供应链的合作模式。

2. 用餐食材选取标准

对于那些追求高品质、精准服务的民宿业态来讲，考究完善的餐厅空间是重要的组成部分。而民宿业态不是传统意义上的农家乐，因此对于用餐食材的选取更加注重卫生、新鲜、安全。而有些民宿往往由于资金、人才的限制，不能够提供让消费者满意的用餐环境，对产品味道的把控也不甚严谨。作为高关注度和高差评率的重要环节，餐厅的设置显得尤为重要，往往不能够盈利，还不得不存在。

而对于民宿业态来讲，在餐饮食材方面下大量的功夫，往往是得不偿失的。但是功夫下少了，又会影响消费者对民宿的整体印象。餐厅部分是最能直接体现用户体验的环节，很多有经验的民宿，在食材用餐方面有其独特的办法，这里罗列三个方法。

（1）专注单一品类。由于消费者众口难调的特性，不便于在餐厅中设置过多菜系菜品，以免在这个方面浪费过多的人力和成本。当今时代，以90后为代表的新生代人群，具有强烈的好奇心和尝鲜心理，民宿只要专注于某一特定品类，将产品做到极致，就能拥有与其他民宿餐饮层面的鲜明差异，形成自身特色，打造特色品牌印记、粉丝群体和核心竞争力，正如提起"热辣一号"就能让人想到火锅一样。

（2）控制餐品数量。对民宿而言，主营业态应当是提供生活方式和场景空间，因此不应当让消费者在餐品方面花费过多的时间，因此要控制餐品数量，只要满足吃饱吃好的标准即可，从而让消费者有更多的时间进行体验和感悟。

（3）关注营养搭配。要确保用餐营养的均衡。在民宿中，消费者不会对菜品有过高的要求，毕竟餐品的丰富结构在城市中就能够消费到，来民宿体验的目的并不是用餐，但是民宿的产品也应该充分兼顾健康和营养，保证每日基本营养的摄入，确保消费者有充沛的精力在民宿中娱乐消遣。

3. 供应链决定民宿发展的未来

民宿的供应链体系，就好比民宿发展的一条腿，直接影响民宿的发展，"供应链可能无法让你一举成名，但它可以让你一败涂地。"在供应链方面，经常出现以次充好、调换物品、偷梁换柱等现象。而一旦出现此类问题，不仅会影响消费者的体验感，更会影响民宿的品牌形象以及口碑。

想要提升民宿的市场竞争力，就要做好供应链端的品质管控。在小体量民宿中，民宿主往往不会察觉供应链品质管控的重要性。但是在大体量连锁民宿中，供应链品质直接影响民宿品牌形象的维护。

供应链是指在民宿经营的过程中所需要的各物品的提供方。随着消费者的需求不断提升，民宿的供应链也变得更加丰富，出现问题的可能性也就越大，如下所示。

（1）作业流程过于复杂。在民宿业态中，每一个环节（包括采购、安置、清理、洗涤、更换等）都需要从业者付出精力，容易分散民宿主在核心竞争力方面的注意力，品牌塑造、特色打磨都无从谈起。

（2）标准化程度低。如果没有相应的供应链的制度和标准，那么从业者在物品采购过程中就没有标准和参考可循，从而影响体验效果，甚至影响民宿的品质。

（3）跟竞争对手死磕价格战。民宿主缺乏与供应商之间的信息沟通，在量小时缺乏议价权，量大时又会造成多供应链之间的竞争，从而引起价格战。这会导致供应商通过降低物品的价格和品质的方式来获取订单，这对民宿而言无异于饮鸩止渴。

民宿供应链的设置基本以主观意识为导向，民宿主思考的多是"需要采购什么"的问题。随着时代的发展，越来越多的民宿主开始注重回应顾客的多样化需求，即"民宿应当提供什么"。正是基于此，在民宿供应链的选择方面应当更加考虑消费者的意愿和需求。

◎ 奢野一宅·天竺

> **小结**
>
> 民宿的供应链体系应当符合三个标准：严格监管，确保供应链的健康及产品的品质；互惠互利，作为供应链的甲乙方，应当充分照顾合作方的需求；稳定协作，民宿业态不应频繁地更换供应方，最好的发展方式是和供应方共同发展。

© 茶园民宿

四、物料管理是个勤活，最影响体验

1. 物料的准备、稽核与管理

这里的物料指的不是装修施工的材料，而是民宿日常经营中所需要的材料。这些材料影响着民宿日常经营的状态，消费者体验的程度，以及民宿的整体风格、定位和档次。物料包括客房内物料、功能区设备、主题类物料等。

1）客房内物料

（1）布草类。被套、床单、枕套、浴巾、面巾、浴袍、羽绒被、毛巾被、羽绒枕头等。注意：每房备3套，千万不要用五颜六色的布草，用符合酒店标准的色系即可，应用质量合格的产品。网上也有专门做布草供应的商店，包括销售或租赁的形式。

（2）耗品类。牙具、梳子、浴帽、剃须刀、洗发液、护发素、沐浴液、润肤露、卷纸、垃圾袋、拖鞋、矿泉水等。注意：易耗品尽量选择一次性小瓶装。

（3）设施设备类。地秤、衣架、冰箱、电热水壶、水杯、茶杯、插座、电视、遥控器、服务指南、沙发、茶几、床头柜、床架、床垫、手电筒、吹风机、空调、空调面板、电灯、开关、马桶、浴缸、面盆、淋浴、垃圾桶等。注意：这些简单的设施设备几乎是必不可少的类别。

一、基础、客房设备					
序号	品名	规格	单位	数量	价格/元	金额
1	床架		个			
2	床垫		个			
3	床头柜		个			
4	灯具		个			
5	插卡（取电）		个			
6	智能门锁		个			
7	电视机		个			
8	空调		个			
9	衣架		个			
10	长桌		个			
11	圆桌		个			
12	椅子		个			
13	地毯		个			
14	窗帘		副			
15	烧水壶		个			
16	电话机		个			
17	面盆		个			
18	化妆镜		个			
19	穿衣镜		个			
20	面盆龙头		个			
21	淋浴龙头		个			
22	坐便器		个			
23	五金件		个			

二、办公用品						
序号	品名	规格	单位	数量	价格/元	金额
1	圆珠笔		盒			
2	圆珠笔芯		盒			
3	签字笔		支			
4	中性笔		盒			
5	中性笔芯	0.7	盒			
6	铅笔	2B	盒			
7	转笔刀		个			
8	白板笔（黑）		盒			
9	白板笔（红）		盒			
10	各色荧光笔		套			
11	白板擦		个			
12	磁性白板（小）	0.9m×1.2m	张			
13	磁性白板（大）	1m×1.5m	张			
14	磁石		套			
15	笔筒		个			
16	固体胶水		个			
17	透明胶（宽）		个			
18	透明胶（窄）		个			
19	透明胶座		个			
20	厚双面胶带（宽）		卷			
21	双面胶带（窄）		卷			
22	剪刀		把			
23	直尺		把			
24	裁纸刀		把			
25	订书机		个			
26	订书针		盒			
27	小夹子		盒			
28	回形针		盒			
29	计算器		个			
30	文件夹	插页式	个			
31	文件框		个			
32	文件袋	塑料	个			

33	文件架	3格	个
34	档案盒		个
35	档案袋		个
36	平板夹		个
37	蓝复写纸		盒
38	纸1	A3	包
39	纸2	A4	包
40	双色印泥		个
41	塑料垃圾篓		个
42	记录本	22cm×15cm	本
43	标签纸		包
44	公章		个
45	钛金报刊架		个
46	多功能接线板		个
47	办公台式电脑		台
48	激光打印机	HPA4 彩色	台
49	打印机（普通）		台
50	扫描仪		台
51	传真机	松下	部
52	传真机服务器	迷你版	部
53	对讲机	小型摩托罗拉	部
54	烧水壶		个
55	办公桌		张
56	办公椅		张
57	工具柜	长1000mm、宽500mm、高2000mm	个
58	货架	长2500mm、宽600mm、高2000mm	个

三、民宿内的服务牌						
序号	品名	规格	单位	数量	价格/元	金额
1	服务总台标示牌		块			
2	工作间标示牌		块			
3	消毒间标示牌		块			
4	楼层标示牌		块			
5	楼层房号标示牌		块			
6	小心地滑告示牌		块			
7	工作进行中告示牌		块			
8	暂停使用告示牌		块			
9	祝君晚安/请勿吸烟卡	塑料牌	个			
10	办公室门牌		块			
11	收银/接待牌		块			
12	房价牌		块			
13	收银指示牌		块			
14	吧台指示牌		块			
15	营业指示牌		块			
16	卫生间指示牌		块			
17	卫生间男女标示牌		块			
18	正在维修告示牌		块			
19	"正在施工，请勿合闸"告示牌		块			
20	配电房标示牌		块			
21	发电机房标示牌		块			
22	维修房标示牌		块			
23	弱电房标示牌		块			
24	"机房重地，闲人勿进"告示牌		块			
25	消防疏散图		块			
26	消防控制室		块			
27	保安室标示牌		块			

四、布草					
序号	品名	规格	单位	数量	价格/元	金额
1	床单（2.0m床）	285cm×285cm	张			
2	床单（1.2m床）	205cm×270cm	张			
3	被套（2.0m）	260cm×235cm	张			
4	被套（1.2m）	165cm×235cm	张			
5	枕套（每间房配备4个）	80cm×50cm	条			
6	被芯（1.2m床）	150cm×220cm	条			
7	被芯（2.0m床）	230cm×225cm	条			
8	枕芯	45cm×75cm	个			
9	保护垫（1.2m）	120cm×200cm	条			
10	保护垫（2.0m）	200cm×200cm	条			
11	床尾布（1.2m）	180cm×50cm	条			
12	床尾布（2.0m）	260cm×50cm	条			
13	大浴巾	155cm×80cm	条			
14	中面巾	80cm×40cm	条			
15	小方巾	30cm×30cm	条			
16	地巾	80cm×53cm	条			
17	浴袍		件			
18	荞麦枕	48cm×78cm	个			
19	抱枕		个			
20	抱枕袋		个			
21	加床	120cm×200cm	张			
22	白色小毛巾	30cm×30cm	条			
23	擦杯布	50cm×50cm	条			
24	白手套		双			

五、印刷品						
序号	品名	规格	单位	数量	价格/元	金额
1	住宿登记单		本			
2	现金支出单		本			
3	押金收据单		本			
4	换房或加床通知		本			
5	杂项入账凭证单		本			
6	酒水单		本			
7	房间状况差异表		本			
8	房间/房价变更通知单		本			
9	贵重物品保险箱申请表		本			
10	宾客物品借用单		本			
11	宾客遗留物品签领单		本			
12	酒店简介		张			
13	服务指南内页		本			
14	房卡套		个			
15	酒店宣传册		本			
16	房间电话面板		张			
17	楼层服务员每日工作表		本			
18	楼层领班主管每日报表		本			
19	便笺		本			
20	信纸（店标）		本			
21	物品申购单		打			
22	物品盘点表		打			
23	报损单		打			
24	迎宾卡		打			
25	贵宾意见表		本			

六、易耗品

序号	品名	规格	单位	数量	价格/元	金额
1	牙具 A	蓝色	支			
2	牙具 B	红色	支			
3	梳子		把			
4	浴帽		个			
5	香皂		个			
6	火柴		盒			
7	圆珠笔		支			
8	铅笔		支			
9	小垃圾袋	30cm×40cm	捆			
10	大垃圾袋	100cm×120cm	捆			
11	拖鞋	塑料	双			
12	棉签		盒			
13	绿茶		袋			
14	红茶		袋			
15	面巾纸		个			
16	小卷纸		卷			
17	大卷纸		卷			
18	洗发水		瓶			
19	沐浴露		瓶			
20	牙签	1cm×6cm 袋装，带酒店标志	版			
21	散装牙签		包			
22	筷套	纸质带店标，订餐电话	个			
23	打包袋		个			
24	打包盒		个			
25	打汤盒		个			
26	餐巾纸	12cm×12cm，带酒店标志	盒			
27	普通吸管		包			
28	艺术吸管		包			
29	卷纸	宽 10cm	卷			
30	固体酒精		桶			
31	色粒		包			
32	一次性纸杯		件			

七、清洁剂

序号	品名	规格	单位	数量	价格/元	金额
1	K3	6kg/桶	桶			
2	结晶粉	2kg/桶	件			
3	晶面护理剂		件			
4	不锈钢保养剂	2kg/桶	桶			
5	去污粉	1kg/瓶	瓶			
6	洁厕剂	1L	瓶			
7	全能清洁剂	1L	瓶			
8	玻璃水	1L	瓶			
9	洁而亮	1L	瓶			
10	铜油	1L	瓶			
11	空气清新剂	1L	瓶			
12	杀虫剂	1L	瓶			
13	84消毒液		瓶			
14	自动喷清新剂		瓶			
15	洗衣粉	大	袋			
16	洗洁精（大）	20L	桶			
17	洗手液	挤压式	瓶			

八、清洁工具

序号	品名	规格	单位	数量	价格/元	金额
1	大水桶		个			
2	清洁篮		个			
3	海绵拖把		把			
4	布拖把		把			
5	扫把（硬）		把			
6	扫把（软）		把			
7	垃圾铲		个			
8	纸篓		个			
9	玻璃刮刀		把			
10	玻璃毛头		把			
11	马桶刷		把			
12	铲刀（塑料手柄）		把			

13	铲刀（木手柄）		把
14	净布		条
15	喷壶		个
16	浴缸刷		个
17	杯刷		个
18	水瓢		个
19	马桶吸		个
20	伸缩杆	1.2m	根
21	胶皮手套		双
22	口罩	100个/盒	盒
23	榨水车		个
24	尘推		根
25	尘推套		张
26	防风垃圾铲，扫把		套
27	带轮垃圾桶		个
28	垃圾桶（小）	宽30cm、高35cm，哑黑色	个
29	加压喷雾器	中号	个
30	组合扫把锉子		套
31	雨鞋	中号	双
32	围裙	中号	张
33	套袖		对
34	线手套		对
35	百洁布	4个包装	包
36	钢丝球		包
37	抹布		条
38	拖桶		个
39	水桶	小	个

九、大堂用品

序号	品名	规格	单位	数量	价格/元	金额
1	宾客贵重物品保险箱		个			
2	雨伞		把			
3	指示牌（大）		个			
4	指示牌（中）		个			
5	挂钟		个			
6	水果刀		个			
7	转换插座		个			
8	接线板		个			
9	手电筒		个			
10	电蚊拍		个			
11	美容套装		个			
12	充电宝		个			

十、客房服务用品

序号	品名	规格	单位	数量	价格/元	金额
1	服务指南夹	仿真皮	件			
2	便笺夹	仿真皮	个			
3	漱口杯	玻璃	个			
4	凉水杯	玻璃	个			
5	茶杯	白色瓷质	个			
6	凉瓶	玻璃	个			
7	小烟灰缸	玻璃	个			
8	精品烟灰缸	20cm×20cm	个			
9	茶盅	塑料，黑色	个			
10	黑托盘	塑料，黑色	个			
11	白托盘	塑料，白色	个			
12	香皂碟	陶瓷，扇形	个			
13	客厅垃圾桶	不锈钢圈的	个			
14	浴室垃圾桶	阻燃塑料	个			
15	大衣架	木质	个			
16	小衣架	木质	个			

17	纸巾盒	皮质	个			
18	洗衣袋	布质	个			
19	物品置物架		个			
20	布草架		个			
21	杯具存放柜	柜门为玻璃材质	个			
22	工作车		辆			
23	布草车		辆			

十一、餐厅服务用品							
序号	品名	规格	单位	数量	价格/元	金额
中餐厅桌椅							
1	圆餐桌1	200cm（12人台）	张			
2	圆餐桌2	180 cm（10人台）	张			
3	方餐桌	90cm×90cm（4人台）	张			
4	卡座餐桌	80cm×70cm（4人台）	张			
5	连心转盘1	200 cm（12人台）	张			
6	连心转盘2	180 cm（10人台）	张			
7	方餐桌桌面玻璃	90cm×90cm（4人台）	张			
8	卡座餐桌桌面玻璃	80cm×70cm（4人台）	张			
9	单包厢沙发		套			
10	工作柜		个			
11	点心柜		个			
12	单椅	搭配方餐桌	把			
13	卡座沙发	搭配卡座餐桌	套			
14	圆桌椅	包厢	把			
15	椅套		个			
16	婴儿椅		把			
西餐厅桌椅							
17	方桌	80cm×80cm	张			
18	圆桌	直径：90cm	张			
19	会客桌	80cm×160cm	张			
20	卡座桌	70cm×140cm	张			
21	工作柜		个			

序号	名称	规格	单位				
22	点心柜		个				
23	单椅		把				
24	卡座沙发		套				
25	半圆沙发		套				
26	其他沙发		组				
27	双层小茶几		个				
28	会客沙发		套				
中餐厅瓷器							
29	展示碟	9寸	个				
30	骨碟	7寸	个				
31	毛巾碟	8cm×12cm	个				
32	茶杯、茶碟	江中杯连碟	套				
33	口汤碗（摆台）	3.5寸	个				
34	小汤勺		个				
35	小味碟	1.5寸	个				
36	筷架1	玉枕型	个				
37	茶壶		壶				
38	烟灰缸	3寸	个				
39	汤碗	3.5寸	个				
40	筷架2	普通型	个				
41	白酒壶		个				
42	小味碟		个				
43	辣椒盅	带盖	套				
44	酱油壶		个				
45	醋壶		个				
46	早餐盘（圆）	9寸	个				
47	面包盘	7寸	个				
48	黄油碟		个				
49	花瓶		个				
50	胡椒瓶、盐瓶		个				
51	奶盅、糖盅		个				
52	筷子		双				

		中餐厅器皿		
53	果盘1	8寸	个	
54	果盘2	10寸	个	
55	红酒杯		个	
56	白酒杯		个	
57	直升杯	12cm×6cm	个	
58	果汁杯		个	
59	三角玻璃杯		个	
60	大扎壶		个	
61	咖啡壶		个	
62	洗手盅	4寸连垫	套	
63	茶壶		个	
64	牙签盅		个	
65	淡水杯		个	
66	咖啡杯	5cm×10cm	个	
		不锈钢餐具		
67	冰桶		个	
68	冰夹		个	
69	毛巾夹		把	
70	水果刀		个	
71	烟灰缸		个	
72	蟹针		个	
73	蟹钳		把	
74	鲍鱼刀叉		套	
75	汤勺		个	
		中餐服务用具		
76	长方形托盘	40cm×55cm	个	
77	圆形托盘	直径40cm	个	
78	碟垫	4寸	个	
79	收餐筐	70cm×50cm×25cm	个	
80	圆形菜盖	12寸	个	

81	椭圆形菜盖	14寸	个	
82	直升杯筐	60cm×60cm	个	
83	红酒杯筐	60cm×60cm	个	
84	木夹子		个	
85	不锈钢夹子		个	
86	搅棒			
87	点菜夹		个	
88	收银夹		本	
89	台号卡		个	
	咖啡厅杯具器皿			
90	意式浓缩杯		个	
91	奶茶杯		个	
92	咖啡壶		个	
93	凉水杯		个	
94	咖啡勺		根	
95	咖啡杯	5cm×10cm	套	
96	杯盖		个	
97	玻璃茶壶			
98	小烟灰缸	3.5寸	个	
99	密封桶			
100	茶水壶			
101	果汁杯		个	
102	茶杯、茶碟			
103	砧板		个	
104	雕刻刀		把	
105	水果刀		把	
	棋牌室（工具、用具）			
106	圆形托盘		个	
107	方形托盘		个	
108	开水瓶		个	
109	毛巾夹		把	
110	水果砧板		块	
111	水果刀		把	
112	书报架		个	

113	酒水单夹		本			
114	挂钟		个			
115	收银夹		本			
棋牌室（瓷器、玻璃器皿）							
116	豪华烟灰缸		个			
117	中号烟灰缸		个			
118	水果盘		个			
119	冰桶、冰夹		套			
120	干果碟		个			
121	茶叶罐		个			
122	花瓶		个			
123	茶杯带蝶		个			
124	扎杯		个			
棋牌室（娱乐用品）							
125	扑克牌		副			
126	筹码		个			
127	中国象棋		盘			
128	国际象棋		盘			
129	围棋		盘			
130	五子棋		盘			
131	军棋		盘			
132	跳棋		盘			

十二、营销服务用品

序号	品名	规格	单位	数量	价格/元	金额
1	冰柜		台			
2	点歌系统		套			
3	点歌器		个			
4	麦克风		支			
5	麦架		套			
6	消毒柜	小	台			
7	毛巾柜		台			
8	分酒器		个			
9	开水器	120L	台			
10	茶水壶		个			

11	茶叶储存罐		个
12	扎壶	玻璃	个
13	冰桶	不锈钢（小）	个
14	香槟桶	不锈钢（中）	个
15	冰夹	不锈钢	个
16	红酒架		个
17	制冰机		台
18	冰铲		个
19	牙签筒	透明亚克力	个
20	茶杯		套
21	水杯	透明玻璃	个
22	方形杯	小号	打
23	红酒杯		只
24	洋酒杯		只
25	纸巾盒		
26	精品水果盘	大、中、小	个
27	烟灰缸	水晶	个
28	塑料啤酒篮		个
29	杯筐		个
30	防滑托盘	圆形	
31	毛巾托		个
32	毛巾夹		个
33	收银夹	皮具	本
34	台卡		个
35	小垃圾桶		
36	大垃圾桶		个
会所借用物品			
37	啤酒开瓶器		个
38	红酒开瓶器		个
39	水果刀	不锈钢	把
40	打火机	喷火型	盒
41	圆珠笔		盒
42	色盅		个

		十三、安保用品				
序号	品名	规格	单位	数量	价格/元	金额
1	警棍	标配伸缩型	支			
2	手电筒	LED 强光	支			
3	手提应急灯		支			
4	连体雨衣		套			
5	喊话器	功率20W	个			
6	证件卡（临时施工人员）		张			
7	治安消防日检查记录本		本			
8	值班记录簿	16开，30页	本			
9	安全巡逻计时表	16开，50页	本			
10	物品出入登记簿	16开，50页	本			
11	消防服	大号/中号	套			
12	消防鞋	40/42码	双			
13	消防头盔		个			
14	消防毯	1.2m	块			
15	断电钳	24号国标	把			
16	警戒带		盒			
17	消防分水器	2个分头	个			
18	消防绳	10m	条			
19	消防扳手	钢制内五方	个			
20	消防斧	长度为90cm	把			
21	白手套	棉制	双			
22	禁止泊车牌	不锈钢，60cm×61cm×46cm	个			
23	车位已满牌	不锈钢，60cm×61cm×46cm	个			
24	进口指示牌	不锈钢，60cm×61cm×46cm	个			
25	出口指示牌	不锈钢，60cm×61cm×46cm	个			
26	反光路锥	70cm，黑黄色	个			

十四、工程维修工具用品						
序号	品名	规格	单位	数量	价格/元	金额
1	塑料工具箱	中号	个			
2	指针式万用表	MF368	个			
3	查话机	GAOKE（高科）	部			
4	查线刀		把			
5	镊子		把			
6	电烙铁1	25W	把			
7	电烙铁2	60W	把			
8	组合小锉刀		套			
9	组合螺丝刀		套			
10	吸锡器		把			
11	活动扳手	8寸	把			
12	鸭舌锤	小号	把			
13	双头开口扳手1	8mm×10mm	把			
14	双头开口扳手2	12mm×14mm	把			
15	双头开口扳手3	17mm×19mm	把			
16	双头梅花扳手1	8mm×10mm	把			
17	双头梅花扳手2	12mm×14mm	把			
18	双头梅花扳手3	17mm×19mm	把			
19	电工锤	1/2P	把			
20	电子测电笔	AN360	支			
21	平口钳	QB/T2442-500V	把			
22	尖嘴钳	QB/T2442-501V	把			
23	斜口钳	QB/T2442-502V	把			
24	墙纸刀		把			
25	不锈钢剪刀		把			
26	数字万用表		个			
27	钳型电流表		个			
28	工具包/工具箱		个			
29	卷尺	5m	个			
30	两用螺丝刀	5mm×150mm	把			
31	一字螺丝刀1	4mm×100mm	把			

32	一字螺丝刀 2	5mm×200mm	把
33	十字螺丝刀 1	4mm×100mm	把
34	十字螺丝刀 2	5mm×200mm	把
35	羊角锤	小号	把
36	铝梯 1	1.5m	台
37	铝梯 2	2.5m	台
38	铝梯 3	4m	台
39	剥线钳	QB/T2442-503V	把
40	圆头锤连柄 1	0.88mm	把
41	圆头锤连柄 2	1.1mm	把
42	八角锤 1	1.8mm	把
43	八角锤 2	5.4mm	把
44	六角钢凿尖嘴型 1	300mm×18mm	把
45	六角钢凿扁嘴型 2	300mm×18mm	把
46	活动扳手	38mm×450mm	把
47	不锈钢丁字尺		把
48	不锈钢角尺		把
49	水平尺	铝合金制	把
50	铁皮剪刀	400mm	把
51	钢锯架	调节式	把
52	钢锯片 1	粗牙	盒
53	钢锯片 2	细牙	盒
54	增力扳手	1~300mm	把
55	内六角	中制 2.5~12mm	套
56	墙纸刀片		片
57	抽水马桶一炮通		个
58	玻璃胶枪		把
59	双头开口扳手	13mm×16mm	把
60	活动扳手 1	30mm×250mm	把
61	活动扳手 2	36mm×300mm	把
62	热熔枪		把
63	绝缘鞋	10kV	双
64	测试电笔	10kV	支
65	绝缘棒	10kV	条

66	绝缘手套	10kV	双			
67	黄油枪		把			
68	机油壶		个			
69	内梅花螺丝刀1	小号	套			
70	内梅花螺丝刀2	中号	套			
71	50m 线盘	2.5mm×3mm	个			
72	抽柴油泵	220V（发电机加柴油用）	台			
73	电工绝缘鞋		双			
74	雨衣		件			
75	高筒雨鞋		双			
76	保险带		条			
77	电工刀		把			
78	撬棍		个			
79	劳保手套		双			

十五、电器类

序号	品名	规格	单位	数量	价格/元	金额
1	吸水机	低噪声	台			
2	吹风机	低噪声，伸缩杆式	台			
3	洗地机	低噪声，杆式	台			
4	吸尘器	低噪声	台			
5	保险箱	电子锁式	个			
6	冰箱	制冷	台			
7	大热水器	双嘴电热	台			
8	毛巾消毒柜		台			
9	消毒柜		个			
10	全自动咖啡机		台			
11	微波炉		台			
12	电磁炉		台			
13	卧式冷藏柜		台			
14	立式展示柜	双开门	台			
15	磨豆机		台			
16	吸尘器	小型	台			
17	电磁炉		台			

18	多功能榨汁机		台
19	开水器	双嘴	台
20	DVD机		台
21	多功能播放器		台
22	全自动麻将机		台
23	带扶手麻将椅		把
24	长方形茶几		个
25	大热水器		台
26	冰柜		台
27	杯具消毒柜		台
28	毛巾加热柜		台
29	储物柜		台
30	普通榨汁机		台
31	管道疏通机	220V	台
32	砂轮机		件

◎ 表格一至表格十五为民宿物料采购清单

2）功能区设备

民宿功能区大致分为公共休闲区、餐厅、厨房和户外花园。

（1）公共休闲区。每家民宿的实际情况不同，公共休闲区的功能也会有所不同，有些是以休息聊天为主的空间，有些是以安静休闲为主的空间，有些是以项目玩乐为主的空间。这就要根据不同的功能购置不同的物料，需要与民宿主题相搭配。

（2）餐厅。餐厅不仅仅是一个吃饭的地方，在场地受限的情况下，餐厅还需要承担其他的功能，如承担非就餐时段的公共休闲功能，因此在餐厅的空间布局和物料采购上需要综合考虑这个问题。

（3）厨房。厨房是否开放给客人使用，是既能烹饪中餐又能烹饪西餐，还是只能烹饪中餐，这些都取决于厨房的设计定位。一般情况下，如果不是特别高端的民宿，客房量也没有达到30间以上，建议选择中餐或西餐一种。这是因为中餐和西餐的厨房用具不同，两者兼具无疑对储物和人员都提出了更高的要求。

（4）户外花园。户外花园是民宿室内的衍生品，可以很好地提升民宿的品质和档次。户外花园主要是以园林景观设置和休闲娱乐项目为主，具体的设计需要根据场地大小而定。如果场地小，在园林景观中辅以休闲桌椅即可；如果场地大，可以在休闲桌椅的基础上设置一些亲子类项目，如玩沙区、泳池等。

◎ 晓起揽月

3）主题类物料

根据每个民宿的主题定位而采购提升定位的物料，如果主题定位是亲子关系，则需要采购一些小朋友玩乐和亲子活动类的玩具、设施和软饰物；如果主题定位是禅修，则需要采购一些参禅、打坐、焚香类器物、设施和软饰物。

采购此类物料，目的在于提升民宿整体品质，同时也承担一部分休闲功能，即给客人提供一个消磨时间的理由和方式。

需要注意的是，在物料的采购上，尽量选择质量好的，因为主题类打造的物料，相对使用率会比较高。

（以上内容截取自自媒体"有一间民宿"）

 小结

物料准备是否齐全，安置是否妥当，客人会用亲身体验来验证。而客人作为服务的重要对象，其反馈是极为重要的信息。

根据市面上现有的众多民宿业态，在物料的考量上，笔者建议选择价格适中，且质量相对较好的。如果不是高端民宿，可以忽略品牌商品，因为价格偏高，会极大地拉高民宿的物料成本。通常单体量的民宿投资预算控制在 20 万以内比较合适。硬装结束后，就会直观地了解到有多少空间是可以进行再利用的，也能够根据手头的资金自行安排。

同时对于民宿物料的存储放置，也有其既定的标准，以确保物料在保存过程中不会有太多损耗，这里就卫生管理、温度、食材三个方面进行说明。

（1）卫生管理。据调查，卫生问题是民宿住客最关心的问题，所以说卫生是民宿的生命线一点也不为过。如果清洁布草没做好，不仅会影响民宿的口碑，还会对客户流量造成很大的影响。

（2）温度。这里的温度不仅是指室内温度，还有水温。室内温度是让很多民宿主比较头疼的问题，冬天需要升高温度，夏天需要降低温度，不仅消耗变大，更难的是让室内保持合适的温度。冬天农村的供暖系统不比城市，通常是民宿自给自足，空调费电，升温慢，而地暖消耗更高，且需要前期做好规划，因为暖气片或管道会影响民宿的整体格局。大多数民宿主会提前确认好客人到达的时间，提前两个小时将室内温度调试好。

（3）食材。采购员应选择安全新鲜的食材，以保证客人对民宿味道的记忆。

◎ 云溪谷·竹溪小阁

2. 仓库管理的流程与标准

提到物料的存放，就会涉及民宿的仓库管理层面。无论是单体量民宿，还是大体量民宿，都需要一个仓储空间存放物料，以保证民宿日常运营的有序性和稳定性。这里就仓库管理流程进行说明。

1）物料入库

民宿主或店长要亲自检查核验物料的规格、数量与订单详情是否一致，核对无误后，需要记录物料入库时间、数量、规格等，并与相应负责人对接。一定要记录清楚物料的各方面数据，以便随时查阅。

2）货物上架

在库房摆放物料时，要将打印好的标签一一对应地粘贴到物料上，并记录好摆放的位置。应把相同品类的物料整齐地摆放在相近的货架上，放好后再次核验物料的数量和摆放的位置，检查物料有无损坏。

3）货品出库

在物料出库使用时，应核对出库的物料名称和数量，并检查在出库过程中物料是否破损，出库后要做好记录，并盘点剩余物料的数量以及存储状况，做好登记。

出入库汇总表									
序号	类别	名称	计量单位	期初库存量	本月入库	本月出库	期末库存量	备注	
1									
2									
3									
4									
5									
6									
7									
8									
9									
10									

◎ 出入库汇总表

4）货品采购

民宿对物料进行采购时，应根据实际情况整理采购的物料信息，结合成本预算，制定采购清单。采购物料的过程中，要检查每件物料的情况，是否有质量问题，是否有破损。采购回来后要及时入库并做好记录。

5）货物处理

当发现物料的购买数量不正确时，要及时做好善后工作，对于有损坏的物料要及时处理，做好登记。

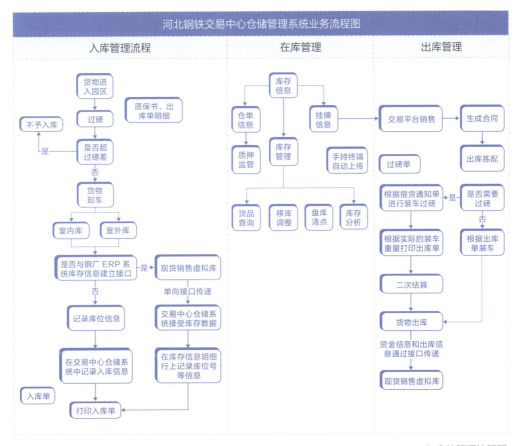

◎ 仓储管理流程图

仓库中存放的物料作为民宿的固定财产，必须给予重视，并保证其存放安全，需要定时检查存放状况并做好记录。仓库管理要求做到"三化""三保""三清""两齐""三一致""五防"。

（1）"三化"，即仓库规范化、存放系列化、养护经常化。

（2）"三保"，即保质、保量、保安全。

（3）"三清"，即材料清、规格清、数量清。

（4）"两齐"，即库区整齐、货物整齐。

（5）"三一致"，即账、物、卡一致。

（6）"五防"，即防火、防潮、防盗、防虫、防变形。

3、床品用具的日常更换清洁制度

民宿客房床品用具的卫生质量，直接影响消费者的体验，制定相应完备的标准及检查制度和检查标准尤为重要。民宿客房床品用具的更换清洁工作要符合服务质量标准化、服务方法规范化、服务过程程序化的标准。服务质量标准化，即明确客房各摆件的顺序、位置、方向、件数和种类。服务方法规范化要求具有一套科学的、切实可行的方法，按照明文规定的保证质量的方法进行清洁工作。

1）制定检查制度

需要重视直接与人接触的物品。要遵循初次、再次检查制度，确保床品用具的卫生质量。要求工作人员清理每一间房间，并替换床品用具，而且物品的增添和摆放应符合方法规范化的标准。通过工作人员自查不仅可以提高房间的合格率，也可以加强工作人员的责任心和检查意识，同时，可以减轻其他工作人员的工作压力。在更换完床品用具后，还应对房间进行一次系统性的回顾式检查。

2）检查表格和报表

对于床品用具的更换清洁，通过表格、报表记录的方式，可以让接班者了解和掌握这些制度和计划的实施情况，表格和报表可以为实现规范化管理提供格式化手段，为考核工作人员的工作表现提供重要依据。

3）保存文件档案

民宿日常的各种档案、资料的保存是一项非常重要的工作，它直接关系到民宿的正常运转、民宿的服务水平以及民宿的声誉。

小结

这里仅列举了民宿物料的准备、稽核与管理，仓库管理的流程和标准以及床品用具日常更换清洁制度。日常民宿运营中还有许多与物料相关的工序流程和清洁维护等，同样需要重视。对于物料的管理，要重视防火、防潮、防盗、防虫、防变形，以免造成损失。

五、做好民宿的品质把控，防患于未然

1. 民宿工作人员行为准则

在民宿运营过程中，品质把控十分重要。它不仅影响客人对民宿的体验感受，也会影响在店从业者的服务标准和态度。由此，在民宿日常经营中，首先要做到对工作人员的管控，以确保每日工作布置和安排都能落实到人，并及时处理工作中发生的问题，促进各部门配合，加强检查，提高服务意识。

民宿主、店长、管家以及各岗位从业者，应当建立健全的管理例会机制，加强对各岗位工作人员工作进度的把控，提高工作效率；制定完备的考勤管理制度，做到有优则赏，有错则罚，切实将"责、权、利"落实到人。管理例会机制和考勤管理制度，都是从人的主观能动性的角度出发，充分调动人的积极性和使命感。

◎ 云溪谷·林溪别院

为了确保民宿工作健康有序地进行，工作人员需要遵守以下几点基本行为准则。

（1）遵守法度。遵守国家的政策、法律、法规和本民宿制定的规章制度。

（2）关心民宿。关心民宿的经营和管理情况，积极提出改进意见和看法。

（3）服从指挥。积极、高效、优质地完成本职工作，热情帮助其他工作人员。

（4）严明纪律。不迟到，不早退，不办私事，不做有损民宿形象的事情。

（5）重视仪表。保持仪表仪容的整洁干净，着装得体大方，女士可化淡妆。

（6）尊敬客户。用敬语，带微笑，积极热情，尊重客人的风俗礼仪，态度谦逊有礼。

2. 民宿空间设施配套把控

民宿也需要完善的设施配套来做支撑，这些都属于品质把控的设备层面，在日常有序运营的前提下，应持续性地对设施配套进行维护、修缮和管理，不断提高设备水平，营造良好的空间环境。

这里列举几类民宿设施配套所必须高度关注的层面，给读者提供参考。

（1）消防设施。公区、通道以及各楼层的消防器械，室外的消防设备等基本装置，必须安放到位，制定好对应的应急预案，定期组织人员进行消防预演。

（2）给排水设施。必须做好生活污水的无害化处理，如民宿日常用水的二次使用以及循环水系统等，以便有效地利用有限的水资源。

（3）电力工程。随着民宿项目的启动，势必会增加在地电力的承载负荷，因此在民宿设立之初，就应当请示在地政府给予扩容调整，以确保民宿的有序运营。

（4）消毒设施。提供必要的消毒设施，并对民宿日常用品、布草等进行实时消毒。注意对工作人员的培训，行为动作都要符合卫生安全标准。

（5）网络设施。确保民宿空间的网络全覆盖，这一点对于当今消费者来讲尤为重要。网络几乎是消费者的首要需求，会极大地影响消费者体验。

（部分节选自《现代酒店管理制度与岗位职责》）

消防设施	公区、通道及楼层的消防器械，室外的消防设备等基本装置
给排水设施	必须做好生活污水的无害化处理，以便有效地利用有限的水资源
电力工程	应当请示在地政府给予扩容调整，确保民宿有序运营
消毒设施	提供必要的消毒设施，并对民宿日常用品、布草等进行实时消毒
网络设施	确保民宿空间的网络全覆盖会极大地影响消费者体验

◎ 民宿空间配套设施

小结

民宿日常运行的设备设施等，是最能影响用户体验的因素，因此需要实时检测维护，确保持续的正常运作。

3. 民宿物料放置安全规范

民宿物料仓储方面的内容在第四节已经作过详细说明，在此不再赘述。这里列举国内一知名酒店物料放置的办法作为参考。

（1）物料放置仓库的安全工作要贯彻预防为主的方针，做好防火、防盗、防汛、防事故。

（2）本着"谁管理谁负责，宣传教育在前"的原则，坚持责任到人制，建立健全的各级安全组织。

（3）按规定库区配备各种消防器材和工具，不得私自挪用。

（4）各种生活危险用品（如车辆、油料、易燃品）严禁进入民宿内。

（5）仓库区域内严禁烟火和明火作业，如因工作需要动用明火，按安全保卫有关规定执行。

（6）加强用电管理，建立班前班后检查记录制度，做好交接检查的详细记录。

（7）加强对民宿内门、窗、锁的管理，出现问题及时向有关部门汇报，及时采取措施。

（8）做好客人登记工作，严禁非民宿客人逗留，特殊情况需报警处理。

◎ 洛奇溪堂

4. 民宿卫生管理行为规范

为了提高民宿卫生管理工作质量，向客人提供清新、整洁、卫生的消费环境，特需制定民宿卫生管理行为规范。

1）内容

（1）卫生管理包括个人卫生管理、物品及设备卫生管理和食品卫生管理三个方面。

（2）每一级工作人员都对各自工作区域的卫生负有保持清洁、进行清理的责任；店长对下级工作人员的卫生工作负有管理连带责任。

（3）专业卫生清洁人员对所负责的区域和工作项目进行专业化清洁与管理，主要涉及公区、前台、餐厅等区域的清洁与管理。

（4）个人卫生管理标准需遵守如下标准：仪表仪容和个人卫生达标；掌握必要的卫生知识；身体、心理健康，必须持有健康证上岗。

（5）食品卫生管理标准参见国家相关法律法规。

（6）物品及设备卫生管理标准：保持物品及设备表面平整、光亮、无异味、无损坏、无磨痕，摆放整齐有序。

（7）卫生检查按照员工自检、店长抽检、民宿主核检三级检查制度，对检查出的问题，按照标准追究责任并进行处罚。

2）考核

（1）物品、设施设备要求表面平整、光亮、无异味、无损坏、无磨痕，摆放整齐有序，否则根据情节的严重程度和造成的影响给予处罚。

①毛絮、浮灰、水渍、纸屑等轻微卫生问题，每处给予适当的处罚。

②积灰、污渍、油渍、较大杂物、毛发、皱褶等卫生问题，每处给予适当的处罚。

③污垢、有异物、裂痕、损坏、摆放不整齐、错位、脱落、物品缺少、有异味等环境卫生问题，每处给予适当的处罚。

（2）凡属周期性卫生清理工作，因到期没有清理而形成卫生死角的，给予适当处罚，因此影响到客人的消费或由客人提出的，酌情给予责任部门警告或责任人过失处分。

（3）在个人卫生和食品卫生方面违反规定的，按照民宿相关制度进行处罚。

（以上内容选自《现代酒店管理制度与岗位职责》）

5. 民宿消防设备安全规范

消防属于民宿业态中必须重视的环节，合法的民宿必须取得消防许可证才能开门营业。民宿从业者应当熟知消防条例和安全规则，熟记火警电话，会使用灭火器材及其他消防设备，熟悉紧急出口等。在日常工作过程中，需保持高度警惕，防患于未然。

如发生火情时，从业人员首先要保持镇定，不可惊慌失措，并及时对入住客人进行紧急疏散。呼唤附近同事或其他人员援助，第一时间通知消防中心，说明火灾地点、火情、燃烧物等，并通报上级。熟知灭火设备操作方法的人员，要快速拿起灭火设备，就近灭火。民宿日常消防条例中对空间布局有严格要求。

（1）在民宿空间应设置安全出口，3层及3层以下的民宿，需要设置1部疏散楼梯。

（2）疏散楼梯不得采用木楼梯，装修材料不得采用易燃、可燃材料。

（3）在看得见的区域中配备火灾报警装置，并标注旅客须知、疏散指示图等消防安全标志。

（4）电气线路应当埋墙暗敷，明敷的电气线路必须套用阻燃或金属管进行保护。

（5）民宿建筑应按规定设置灭火器，每层不应少于2个，每层应配置消防应急水龙头1个。

（6）每层内走道及楼梯平台处需设置应急照明灯和疏散指示标志。

（7）民宿内不得使用明火灶具，必须使用时应设置独立房间集中使用，且与其他房间和人员疏散通道采用实体墙和防火门进行分割。

（8）严禁停放电瓶车。

（9）民宿外应设置消防水池或室外消火栓。

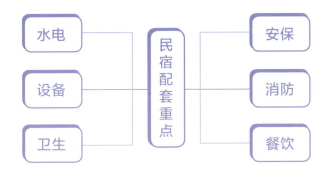

◎ 民宿配套重点

> 民宿的品控就是综合对"人、事、物"的管理把控，它是民宿能够正常运营的前提，也是体现服务的重要媒介。它是一个有机的系统，但凡其中一个部分出现问题，都会对整体造成影响，会直接影响用户的体验与感受。

六、从业者日常间夜的工作状态

1. 民宿日常接待流程规范

1）预订订单处理

（1）网上订单。及时检查PMS管理系统信息，如果没有自动排房，则进行手动排房操作；及时打电话给预订客人，确认入住信息（日期，房型，价格，人数，是否需要接机、接站，有无其他特殊要求等）；添加客人微信，向客人发送订单并确认信息（电话、地址及留房时间）。如果客人选择自驾的方式出行，需告知自驾路线。在客户渠道表中备注信息来源，选择相关预订来源网站（如携程、途牛等）。

（2）电话预订。问清入住人详细信息（预订房型、间夜数、日期），并添加入住人微信，便于后续及时沟通。告知预订时需缴清房费，不接受口头预订。排房，备注客人要求，选择客源渠道（散客或熟人介绍），留下联系方式。

（3）上门客。问清客人所需，根据客人需求推荐房型，必要时带客看房。根据客人需求选好房间，客栈通作排房，收取全款房费。留好客人联系方式，便于沟通。

基础人员编制与薪资							
职位	编制	班次	基础薪资	薪资合计	五险及福利	年终奖
店长						
前台主管						
前台领班						
前台接待						
客房主管						
客房领班						
客房员工						
安保人员						
厨师						
厨房杂工						
园艺师						
设备维修						
合计/月						
合计/年						

◎ 基础人员编制与薪资表

2）入住接待

（1）提前一天再次联系客人，获取客人行程信息，特殊天气温馨提示客人需要注意的事项，询问到达时间，是否需要安排接机、接站等；最好添加客人微信，将其加入客户群，便于积累客户资源和发送入住期间的问候指引；给客人发送微信信息（内容可参考"您好！欢迎您入住XX民宿"），并发送短信（内容包括交通路线、天气信息（大雪、暴雨、大风、高温等特殊天气要着重提示和告知）、信号问题）。举例说明：XX℃，晴/阴/雨/雪，记得提前准备相关衣物。山里通讯信号不佳，尤其是联通，如有需要还请携带备用号码。如需其他帮助请随时与我联系，XX管家祝您旅途愉快！

（2）客人入住当天早会，按照客栈通提前排好的房间，分配到各个管家及客房服务员。提前检查好房间，准备好欢迎细节布置、赠送的果盘等（每间客房用树叶摆出住客姓氏以示欢迎和尊重）。

（3）客人到达前五分钟，通知相应管家在停车场迎接，带至前厅办理入住。稍作休息后，向客人倒水并介绍民宿的功能和服务项目。收集客人的身份证件，办理入住手续，同时请客人扫描二维码入群（提前建立一个客户互动群，管家与客人可以在群里互动，发布客人在民宿度过的两天一晚与生活相关的信息，同时增强客户黏度，增加复购率），告知退房时间。由管家将客人送至客房，沿路对整个项目、园区设施和活动作简要介绍，进入小院后替客人开门开灯，放好行李，问清是否有其他需要，得到客人允许后方可离开。

（4）在客人入住的同时，前厅管家应用工作手机在客户群中定时发送问候语和提示语（用餐时间，地点，注意事项，早、午、晚安问候，迎送辞等）。

（5）中午11:00 在微信群里与客人互动，提醒客人午餐的就餐时间，并告知客人当日午餐中餐厅准备的菜品有什么，西餐厅准备的菜品有什么；客餐服务按照厨房餐饮服务标准严格执行。在餐厅正常用餐时间的前半小时打开空调。客房管家送客至餐厅，由餐厅服务人员接引到相应的桌位，如果餐厅服务人员在忙或者不在岗位，则由客房管家提供前期服务（如倒茶水），并请客人稍等，马上请餐厅服务人员上菜；再与餐厅服务人员交接，交接时必须告知餐厅服务人员该客人的一些服务注意事项。餐厅服务人员要热情介绍餐厅提供的菜品，按厨房培训要求和出菜情况灵活及时地传递菜品。及时清理骨碟、空盘。上菜开始后可以适当作酒水饮品的推销。

（6）中餐后，13:30 左右，在微信群里与客人互动，可提醒客人园区内可参与的户外休闲活动，如徒步或参观野长城；同时还可以参加园区内的其他休闲活动，如 KTV、迷你高尔夫球、喂养小动物以及其他手工活动。

◎ 拾乐民宿

（7）15:30 在微信群里与客人互动，提醒客人可以到西餐厅享用下午茶（并告知当日西餐厅下午茶准备了什么）或者参加手工体验活动（并告知都有什么手工活动）。服务流程与就餐服务流程一样。

（8）17:00 在微信群里与客人互动，提醒客人晚餐的就餐时间，并告知客人当日晚餐中餐厅准备的菜品有什么，西餐厅准备的菜品有什么。就餐服务同上。

（9）19:30 在微信群里与客人互动，提醒客人可以到西餐厅参加夜间活动，并告知客人夜间活动都有什么。

（10）21:30 在微信群里与客人互动，给客人道晚安。

（11）白班人员与夜班人员交接好当天工作，尤其是客人有特殊要求或者是重要客人的接待情况。

（12）第二天早上 7:00 给客人道早安，并告知客人早餐时间以及中餐厅里准备的早餐都有什么。

（13）早餐后，09:30 左右在微信群里与客人互动，告知客人可以在园区参加的休闲活动。并发送安全提示信息，如请勿独自进入园区以外的登山步道。

> **小结**
>
> 服务意识很重要。服务并不是从客人入住开始，而是在客人来的路上就要开始的。

3）送客离店

（1）提前一天与客人沟通好，是否需要安排车辆送站，并了解离店的大致时间。

（2）在前台办理退房手续，收回小院钥匙，帮客人拿行李，送客人上车，及时通知客房查房，查看客人有无遗留物品，如果发现客人的遗留物品，最好当即联系客人退还，特殊情况则报备邮寄，做好寄存、留言等服务。送客人上车，目送客人离开。

（3）在客户微信群中发送道别语。

2. 入住、前台、餐厅、客房服务流程

1）前厅操作规范

（1）早班需注意事项。

① 提前 10 分钟到岗，整理仪容仪表，私人物品不允许带入前台（不合格者不允许进入工作岗位）。

② 检查前厅卫生，不合格者不允许接班。

③ 交接对讲机，标准佩戴耳机。

④ 交接备用金、房卡、房费、房态、发票，准确填写交接班本。

⑤ 开交接班会：查看交接班本，交接重要事项（非特殊情况，不允许把事情交接至下一班次）；学习品控及暗访条例；增值服务，情景演练（入住、预订、问好、指引）；业务技能；按要求发送视频。

⑥ 查看预离、预抵，对 VIP、有特殊要求的客人、团队应提前排房（排房前需知团队成员名单），做好房卡。对重要客户应安排客服检查、布置房间；对于特殊房价需要销售部提供单据（集团标准，销售部才有权限做预订）。

⑦ 高峰期 12:30 左右，联系不上的客人及时通知客房查询；13:30 之前除续住房间外必须催完；过 20:00 续住客人联系不上未付费的，上报值班经理，继续联系客户；过 22:00 续住客人联系不上未付费的，值班经理汇报总经理，按实际情况处理。（有预授权的续住，必须联系客人核对续住间数、天数才可执行续住操作，多过房费的费用自行赔偿）

⑧ 下班前，收拾台面卫生，准备好笔、橡皮擦、房卡，催完最后一次并备注缴费时间，查看所有临时态，满房情况下催完预抵再走，非担保且联系不上客人的情况，直接取消预订，确保不给下一班次留麻烦。

© 拾乐民宿

（2）晚班需注意事项。

① 提前 10 分钟到岗，整理仪容仪表，私人物品不允许带入前台，开始交接班。（不合格者不允许进入岗位）

② 交接对讲机，标准佩戴耳机。

③ 交接备用金、房卡、房费、房态、发票，准确填写交接班本。

④ 查看房态，避免出现客房定重的情况，由于个人原因导致客房定重的情况罚款 200 元。

⑤ 查看预离，了解催缴房费情况，避免出现逃账、漏退。

⑥ 查看预抵，高峰期非担保预留时间不可超过 22:00；超预定时及时关房，前台所有人员学会 OTA 调价、房控及微信渠道调价、开关房。

⑦ 24:00 开始统计外宾，上传临存，打印外宾，在外宾打印登记单上盖章。

⑧ 夜审对账单，检查白班 RC 单，少一张罚款 2 元。

⑨ 检查预付单账单，OTA 预订单，由销售部将预订单统一送至前台，销售部下班后的订单由前台打印；特殊房价（0、低于会员价、团购价，必须由销售部做预订，前台未经前厅销售经理允许不允许私自做预订，相关单据由销售部负责交给前厅，少单据的销售人员自行负责，0 房费按散价赔偿，其余特殊价格无单据补差价）单子没有的 24h 内补齐。

⑩ 检查 S 账，能解决的及时结账。

⑪ 检查房价时严格按照预订价格执行，不允许私自超过特殊房价，OTA 价格有差额的自行赔付。

⑫ 过 20:00 联系不上又未付费的，上报值班经理，继续联系客户；过 22:00 联系不上又未付费的，值班经理汇报总经理，按实际情况处理。（有预授权的续住，必须联系客人核对续住间数、天数才可执行续住操作，多过房费的费用自行赔偿）

⑬ 准备好第二天白班要用的东西，将 pos 机充电，准备各类办公用品，将发票盖章。

⑭ 准备好餐厅给的打包早餐，放至前台给早离店客人带走。

⑮ 打扫卫生，未打扫的罚款 50 元 / 次，由白班检查卫生，不合格项则罚款 5 元 / 项。

⑯ 夜审后将报表及时发送至工作群。

2）**特别备注**

（1）开房需扫描客人证件，不能识别的手输（未扫描的罚款 5 元 / 次）。

（2）开房必须留客人手机号码，未留的罚款 10 元 / 次。

（3）开房打印 RC 单，未打印签字的罚款 5 元 / 张。

© 拾乐民宿

（4）开房同行人必须联房，续住订单必须联房，未执行的罚款 5 元 / 次。

（5）外宾复印护照页、签证页、入境章页。（特殊国家不予接待）

（6）MOD 开房要签字。

（7）入住民宿开住宿费，就餐开餐费。

（8）解决不了的特殊情况应及时上报，不允许私自解决。

（9）未出示有效证件的不予开房，注意有效证件（身份证、护照）的识别。

（10）退款要经部门经理、店长签字并填写收银宝差错处理申请表，留存客人身份证、银行卡、刷卡小票复印件。

（11）每班次下班前填写好增值服务分数统计表。

（12）储值卡、积分结账，账单要客人签字确认。

（13）挂 S 账必须打印账单并附情况说明，截图发送至工作群，未执行的罚款 50 元 / 次；

  小结

前台入住办理是流程性工作，但是每次入住办理都要十分认真，不能有疏忽懈怠。

3. 民宿防火制度及火灾应急自救

1）民宿防火管理制度

（1）民宿内部不准存放易燃易爆、有毒和腐蚀性物品，禁止在公区、房间燃放烟花爆竹。

（2）客房内不准使用明火电炉、煤气炉、柴油炉以及大功率的电气设备，因工作需要应经消防中心同意后方可使用，并做好登记。不准将衣物放在台灯架罩上烘干，不准在房间内烧东西。

（3）不准在配电房内堆放物品，不准在布草间、楼层仓库内吸烟，不准在消防分机旁边摆放任何杂物。严禁将洗涤剂放在垃圾、衣物滑道口周围。

（4）装有复印机、电传机、印刷机的部位禁止吸烟和使用明火。用酒精清洗机器部件时，要保持室内通风，大量清洗机器时，要到室外通风的地方进行。

（5）各通道楼梯出口等部位要经常保持畅通，疏散标志和安全指示灯要保证完好。

© 拾乐民宿

2）火灾发生时的应急自救

（1）报警通报。发生火灾时，首先要把火灾信息传递给消防控制中心，并知会店长，做好人员疏散工作。

（2）疏散抢救。首要问题是组织指挥人员疏散与抢救着火层以上的人员。

（3）防烟排烟。在扑救高层建筑初期火灾时，为了降低烟气毒性，防止烟气扩散，应采取防烟、排烟措施，以保证人员安全，加快灭火进程。

（4）注意防爆。一是防止易燃物体受热而产生爆炸；二是防止产生轰燃。

（5）现场救护。火灾扑救结束后，应组织人员及时对受伤人员进行护理，然后就近送医。

（6）安全警戒。为保证扑救、疏散与抢救人员的工作有序进行，必须对民宿内外采取安全警戒措施。安全警戒部位包括民宿外围、出入口、着火层等，分别设置警戒人员。

（7）通信联络。保持民宿内着火层与消防控制中心、前后方的通信联络，使预定的灭火疏散方案顺利实施。

（8）后勤保障。保证灭火器材完好，保证水电供应不间断，积极协助救援单位，提供志愿项目，保证器材供应。

（9）以上事项必须在着火后 5～7 分钟内完成。

（以上内容选自《现代酒店管理制度与岗位职责》）

> 消防是所有行业都必须重视的，开门营业也需要有消防许可证才合法，这不仅是衡量标准，更是生命保障。

4. 突发事件处理及安保检查制度

1）突发事件处理制度

（1）发生突发事件时，所有人员必须服从民宿主或店长的指挥调遣。

（2）民宿内工作人员一旦发现可疑情况或违法事件，应立即报告上级。

（3）发生偷盗、抢劫、凶杀或其他突发事件时，应立即报告上级和店长，同时保护好现场，除紧急抢救外，无关人员不得进入现场。

（4）当治安管理部门、保安人员进行安全检查和处理案件时，有关人员应积极配合，并提供真实情况。

（5）发生火警火灾时，工作人员除应立即报告消防中心外，应马上采取有效措施先行扑救火灾，并积极疏散入住客人。

2）安全检查制度

（1）民宿需成立安全检查监督小组，组成人员必须包括民宿主、店长。

（2）民宿安全检查要求每季度进行一次，由民宿主、店长组成安全检查组，重点检查各项安全制度、防火制度及有关措施的执行。

（3）对检查出的问题责成有关人员，限期解决。

（4）店长须每月对民宿内部做安全抽查，发现问题及时解决，并做好记录。

（5）重大节日前要对民宿进行全面安全检查，所有人员都必须参与现场。

七、民宿运营中的日常督导

1. 民宿日常工作督导的使命

这里强调的督导和传统意义上的督导不同，一般由民宿主或店长自担。督导角色与员工的关系比较微妙，督导的成功依赖于员工的工作，而员工工作的情况则取决于督导的指导。作为民宿业态的督导，肩负管理的责任，因此需要制定合理有效的管理方法，督促员工的工作积极性，并以结果为导向，同时还要根据客人的反馈进行管理方法的调整与执行，更好地推进员工的日常工作。

作为督导，向上需要对民宿主、投资人，甚至是客户负责，向下需要对工作人员负责，因此督导的首要工作是倾听，倾听来自上下游人员的意见、看法以及抱怨。了解他们的诉求后才能针对性地调整策略，以推己及人的方式团结众人，一起做好一件事，从而落实民宿运营的责任。

督导工作需要完成三项任务：对投资人的任务是实现民宿日常运营的持续盈利；对客户的任务是提供满足顾客消费需求和体验需求的场所；对员工的任务是提供能够满足身心需求的工作环境。因此，督导的工作不仅复杂，而且重要。督导的工作性质更像是一个纽带，将本不相干的人联系在一起，从而形成一个整体。

◎ 民宿日常工作督导任务示意图

2. 督导的几点原则

1）管理自身

榜样的力量是无穷的。如果没有以身作则，则不能够让员工信服，就无法有效地指挥他人，也不能保证既定的工作进度，因此，先要管理好自己。

2）积极地思考

从错误中学习经验，从反馈中总结教训。不要自我责备，也不要过多责备他人，而是要分析问题，避免发生同样的问题。

3）保持乐观的情绪

情绪是会传染的。工作过程中，应把积极乐观的情绪，传染给更多工作中的人，从而营造一个积极的、乐观的工作氛围。

4）及时地反馈

在工作过程中，无论是关于人、事、物，甚至是关于外界环境的变化等因素，都需要第一时间反馈给上下游的人，从而确保信息的同步。

5）为员工负责

需要倾听员工的诉求和抱怨，了解员工内心需求和技能特长，挖掘员工潜在能力，从而培养出专业、素质高、综合能力强的优秀员工。

小结

民宿的督导工作往往由民宿主或店长亲自担任，其重要性不言而喻。督导通过对工作过程、设备运转、规章制度等方面的检查，从而持续地调整经营策略，处理人、事、物之间的平衡关系，确保民宿的正常运转以及良性发展。

05
营销体系

第五章
营销：酒香也怕巷子深，要走出去让人接近

一、曝光品牌，让品牌发声

广义的"品牌"是指具有经济价值的无形资产，用抽象化的、特有的、能识别的心智概念来表现其差异性，从而在人们的意识中占据一定位置的综合反映。前一章节讲述了形象识别体系中关于品牌的部分，让人们了解到品牌建设是一个长期的过程。狭义的"品牌"指的是一种拥有对内和对外两面性的标准或规则，是对理念、行为、视觉、听觉四个方面进行标准化、规则化的处理，使之具备特有性、价值性、长期性、认知性的一种识别系统。

民宿作为结合非标属性与主人公特性的产物，其本身的品牌性显得尤为重要。民宿品牌的选取应符合其本身的理念与发展的方向，比如"千里走单骑"强调的是一种亲近自然、释放身心的超然生活；"花间堂"极具美感的空间氛围和艺术场景；"松赞"系列展示的是一种禅意文化，人与禅境的天人合一；"山里寒舍""山楂小院"追求的是尊重原生态场景空间的一种回味体验。因此，品牌是自然区分同行业业态标准的标志。

© 大理浥尘客舍

◎ 松赞

◎ 山楂小院

◎ 千里走单骑

1. 民宿品牌曝光：找准推广策略

随着市场的多样化发展，竞争越发激烈，夹缝求生的状态是每个小体量民宿必须面对的。民宿主应时刻保有危机意识，才能够在残酷的市场竞争中获得一席之地。让消费者了解并认识民宿品牌的前提是品牌具有独特性。

众所周知，海尔是家用电器里最早的品牌，产品定位是优质优价，海尔的品牌口号"海尔，真诚到永远"，实在又直接，大多数人喜欢朴实优质的产品，而很少有人喜欢华而不实的产品。民宿业态与传统行业不同，它本身就是空灵的、自由的，因此品牌策略也应当符合其本质，满足消费者对民宿的理想期望。

小结

民宿品牌的搭建过程，其实就是梳理产品定位和人群定位的过程，旨在通过品牌定位确定所针对的消费市场。

1）突出优势的品牌策略

成熟品牌都会有品牌壁垒，比如"花间堂""大乐之野"，其本身已经被消费者所熟知，并且受到品牌标准保护，因此新晋民宿不能采取一致或相似的品牌推广策略，应尽量避免以卵击石，得不偿失。所有的品牌推广策略都不是尽善尽美的，首先应确定目标人群和推广方式，然后再不断完善。突出优势的品牌策略，即将自身与成熟的品牌区分开来，并找到一个利己的定位。

比如北京欢乐松鼠谷杜家客栈的品牌定位是"一个集吃、住、玩于一体的亲子游乐园"，自然而然地突出了自身的产品特点和属性，有利于从竞争对手中脱颖而出，并形成庞大的消费认知。在电器行业中，可以参考格力的案例，它的品牌定位是"节能"，"每晚只用一度电""好空调格力造"等朗朗上口的广告语，不仅避免了格力陷入同业态品牌的大战，同时找准了有利于自身的定位，让品牌形象深入人心。

2）出其不意的品牌策略

所谓出其不意，就是不循规蹈矩。与其在民宿行业的竞争中挤破头皮，不如自行开创一条小路，"宁为鸡首，不为凤尾"，既然当不了门派掌门人，那就另立山头自创门派。

农夫山泉用的就是出其不意的品牌策略，它是第一个提出"不生产水"的品牌理念。"我们不生产水，我们只是大自然的搬运工"，在消费者的固有认知里，一个商品肯定是要经过加工处理的，而农夫山泉首次提出"搬运工"这个词，也顺利成为了第一个"搬运工"。

3）场景分类的品牌策略

消费者往往会根据生活中的自身需求而划分产品类型。对于民宿，消费者会根据其所提供的不同类型的生活场景进行分类。比如消费者会认为渔唐为精品酒店，认为白鸟集为群聚的空间，认为山楂小院为原生态的生活体验馆等。

要善于利用消费者的归纳分类特性，采取相对应的品牌营销手段。比如，营养快线的广告语是"早餐喝一瓶，精神一上午"，它扮演的就是早餐饮品的角色；六个核桃的广告语是"经常用脑，多喝六个核桃"，那么它就是一个缓解用脑压力的小帮手。消费者习惯使用场景型记忆，那么广告就应该把产品使用的具体场景指示出来。

4）精细分类的品牌策略

精细分类的品牌策略就是单点突破，专注于某一个点深挖产品定位。如电商领域，淘宝、天猫、京东三大电商平台约占国内网购95%的流量，竞争对手很少，但唯品会却能以"一家专门做特卖的网站"打响品牌，从趋于稳定的电商市场中分一杯羹。再如教育培训领域，已有很多机构开始专注于新媒体培训，但VIPKID在线少儿英语却以"纯北美外教，一对一教学"的独特品牌定位而一举成为少儿英语领域领导者。

以上实例都证实了只要深挖一个消费者的痛点，就能很好地做好民宿品牌的推广宣传。众多消费者对民宿的需求是各不相同的，如放松身心、亲近自然、维系感情等。民宿业态只要深耕一个痛点，做好、做精，就能获得相应的品牌知名度。

5）功能定位的品牌策略

功能定位的品牌策略就是强调产品给人带来的不同感觉，即把使用产品的感受定位于一个舒服的位置，用愉快的感受来吸引消费者。比如，雀巢咖啡的"味道好极了"，炫迈口香糖的"根本停不下来"，雪碧的"透心凉，心飞扬"，吉列剃须刀的"看着光，感觉爽"，特步的"非一般的感觉"。

民宿的地理位置和空间属性可以给消费者提供多种功能体验。民宿自身也会受到主人公特点的影响，如果民宿主喜欢茶艺，民宿就会呈现出茶艺的氛围。同理，民宿空间还可以融入花艺、棋艺、瑜伽、禅修等空间功能属性。

6）销售量定位的品牌策略

销售量定位的品牌策略是依据消费者的从众心理。一方面，人是群体动物，会屈服于其他人的压力，做出附和的选择；另一方面，如果出现多人选择同一品牌的现象，则会加强人们选择该品牌的欲望。就像斯巴迪香烟的广告语——"一百万人的选择，不可能是错的"，又如北方民宿品牌山楂小院用"创造百万神话"的广告语进行品牌推广。

香飘飘奶茶的广告语从"一年卖出三亿多杯，杯子连起来可绕地球一圈"到"一年有12亿人次在喝"都是在强调销售量。现在的电视广告经常把用户量、销售量和金额量等重点标出来。现在的自媒体也喜欢给自己加一个"100万人都在关注"的标签。全国第一、地表最强、宇宙最大等，这些词就是一种销售量定位策略。

◎ 大乐之野

◎ 禅享小院

◎ 千岛湖 云水·

营销：酒香也怕巷子深，要走出去让人接近

◎ 唯里乡居

◎ 渔唐

◎ 过云山居

民宿品牌策略	
1）突出优势的品牌策略	2）出其不意的品牌策略
3）场景分类的品牌策略	4）精细分类的品牌策略
5）功能定位的品牌策略	6）销售量定位的品牌策略

◎ 民宿品牌策略

2. 制定推广策略，找准用户画像

除了明确民宿的品牌定位，制定好相应的推广策略之处，还要明确民宿的精准及潜在客户群在哪里，明确民宿想要做哪些客户群的生意。知己知彼，方能百战不殆。很多行业在开门营业之前，都应做好调研工作，即做好市场分析。所谓市场，其实就是用户画像。

用户画像作为一种勾画目标用户、了解用户诉求、确定设计方向的有效工具，在各领域得到了广泛的应用。用户画像最初应用于电商领域。在大数据时代背景下，用户信息充斥在网络中，将用户的每个具体信息抽象成标签，并利用这些标签将用户形象具体化，从而为用户提供针对性的服务。用户画像越细致，客户群体越精准。

用户画像可以使产品的服务对象更加聚焦、更加专注。每一个产品都是为特定目标群体的共同标准服务的，目标群体的基数越大，这个标准就越低。换言之，如果某个产品适合每一个人，那么它就是为最低标准服务，该产品要么毫无特色，要么过于简陋。

小结

合适的推广策略，是与品牌建立相辅相成的。民宿的品牌定位不同，其推广策略也会不同。

纵览成功的产品案例，他们的客户群定位都非常清晰。例如北京的山楂小院，一直致力于服务家庭或团体，一群人在冬日里围着火炉涮肉的图片曾经刷爆各大媒体网络，让处于淡季的北方民宿获得了超高入住率，也赢得了良好的口碑。再如豆瓣，专注文艺事业十多年，只为文艺青年服务，用户黏性非常高，文艺青年在这里能找到知音，找到归属感。所以，给广泛人群提供低标准的服务不如给特定人群提供专注的服务。

绘制用户画像时要弄清楚用户的真实需求，避免发生用户对所提供的服务不买账的情况。经常住民宿的人应该有所了解，花间堂曾出现过一种尴尬情况：曾将符合房间风格的人字拖摆于客房，却无一人试穿——一来大部分客户不喜欢人字拖的上脚感；二来拖鞋是否消毒，客户无从确认；三来秋冬气候转凉，冰凉的人字拖不再适合所处环境。这种好看却不实用的设计，描绘用户画像时应尽量避免。采取抽样调查的方式了解用户需求才是最准确直观的。

用户画像还可以提高决策效率。在产品设计流程中,各个环节的参与者非常多,分歧总是不可避免,决策效率无疑影响着项目的进度。而用户画像来自对目标用户的研究,当所有参与产品设计的人都基于一致的用户进行讨论和决策,就不容易跑偏,从而提高决策效率。

© 大地山居

北京欢乐松鼠谷度假客栈把绘制用户画像发挥到了极致,创下了年入住率北京地区第一的神话。松鼠谷位于北京密云水库旁,近古北水镇,它的存在为水镇游客提供了目的地式的居住场所。据统计,松鼠谷居住人群35%来自古北水镇,此为一类客户群体;松鼠谷园内2000多只不同品种的松鼠活跃于园内的各个角落,为孩子们提供了一个可玩之地,此为一类客户群体;吃遍了城市里各式精致食物的吃货们,可以尝试一下坚果餐厅纯天然的菜馍馍,感受别样的味觉体验,此为又一类客户群体。根据不同的客户群体,可以细分年龄层次、地区偏好、来源诉求等,并可以为此做更细致的服务。现在的松鼠谷根据用户需求,持续吸引周边景区游客的同时,增加了孩子感兴趣的云端滑梯、松鼠喂食和手工DIY等项目。餐厅也在保留个性化特色的同时,不断推出符合各个年龄段的小食。

根据用户反馈改进产品,才能吸引更精准更忠实的用户。

用户画像构建	
内在画像	目的、偏好、需求、场景、频次、配套
外在画像	年龄、性别、职业、地域、兴趣、爱好
用户画像属性	
自然属性	年龄、性别等人口统计学特征
社会属性	职位、职业、收入、婚姻状况等
兴趣属性	习惯、爱好等
消费属性	产品、渠道、频次、数量等

◎ 用户画像构建及属性

1）用户画像思路具体从两个方面展开——外在画像和内在画像

（1）外在画像。即用户群体的可视化特征描述，如目标用户的年龄、性别、职业、地域、兴趣、爱好等特征。

（2）内在画像。即用户内在的深层次的特征描述，包含了用户的产品使用目的、用户偏好、用户需求、产品的使用场景、产品的使用频次等。

2）用户画像构建步骤

（1）第一步，基础数据采集。

①确定研究对象，了解相应的属性。不同行业、不同业务场景对用户画像的需求不同。通常需要了解的属性有以下几种。

a. 自然属性。年龄、性别等人口统计学特征。

b. 社会属性。职位、职业、收入、婚姻状况等。

c. 兴趣属性。习惯、爱好等。

d. 消费属性。产品、渠道、频次、数量等。

②选择属性时，可以从以下三个方面着手。

a. 与目标相关的属性。与产品或品牌相关的属性、与商业目标相关的属性、与项目目标相关的属性。

b. 容易获取的属性。问得到的属性、容易答的属性、让人信的属性。

c. 有利于区隔的属性。共性或个性、硬性或软性、品质或数量。

例如，对某内容网站用户画像进行研究。研究目标是了解网站服务的用户特点，更有针对性地为其提供内容服务，增加用户黏性，进而提升网站价值。为了实现目标，需要了解与网络相关的和与内容相关的属性。与网络相关的属性包括网络在各媒介中的占比、网络的优势与特点；网络使用习惯（如使用频次、时机、时长、目的）。与内容相关的属性包括内容来源、关注类型、浏览时间、使用工具；内容定义、关注程度、关注原因、分享理由。

小结

　　用户画像分析是个复杂的过程，通过这个过程可以更清晰地获取信息，从而更准确地制定策略。

（2）第二步，大数据挖掘。

①从本身入手。例如，对来店顾客来说，用户所在地、消费频次、销售额等数据均可以从店内获取。

②网络调研。爱好、收入等用户属性大多是没有数据积累的，这就需要通过定量或定性调研来获取。在开业的前、中、后期，如果想要迅速地了解用户的想法，可以采用在线问卷调查的方式来挖掘用户的需求。

（3）第三步，用户标签生动化。

用户画像研究的过程是具象—抽象—再具象。从具象的用户个体数据出发，抽象地描述用户群体客观的用户属性数据，再以生动的标签立体直观地描述用户。因此，从海量的数据中统计出用户属性后，接下来的重要工作就是给用户贴上生动的标签。标签生动化的过程如下所示。

①设立参照系，确定网络用户、竞品用户。

② 找出差异点。

③ 提炼"关键词"。

④讲一个生动的故事。

◎ 大地乡居

以下即为标签生动化的实例。

xxx，男，45岁，本科学历，在一家国有民宿任部门经理，他已经在这个岗位任职5年，是单位里不可或缺的骨干中层。

他的女儿面临中考。他和妻子正在为女儿的学习成绩和填报志愿烦心。

看新闻是他的生活习惯之一。他每天上班之后，打开电脑的第一件事就是打开XX新闻客户端，浏览一下时事新闻，顺便让自己清醒、放松，这也成了他和同事、朋友的谈资，可谓"一举多得"……

用户标签生动化这一工作，可以让使用者在脑海中留下对一个人的印象，并且认识他、理解他，而非简单的标签堆砌。产品体验和用户需求因时而变，真正的产品经理应该努力发掘用户深层次的且不断变化的需求，不断改进，这样才能创造更好的产品体验。

 小结

通过数据挖掘和画像标签，能够准确地制定最合适的推广策略，从而让民宿业态得以充分展现。

3. 包装策划，突出核心卖点和特点

民宿品牌的包装策划是指根据民宿特色，结合在地化和受众群体的需求，对民宿整体进行规划定位。策划方案决策的正确性，将直接影响民宿品牌的成功率。包装策划前需要进行有效的设计，集中群体智慧，明确最终目的，应根据民宿品牌特点和客户群定位来确定包装的基本形式（前面章节已作详细介绍）。

包装策划在系统化设计中的意义重大，因此，参与设计策划活动需要有民宿主、设计师、相关策划人员等共同介入研究。由民宿主根据集中的意见及建议来确定品牌包装模式，并让策划人员执行策划方案，为开展具体设计活动打下基础。如果民宿品牌的包装设计得当，将会为营销沟通提供更直接、更有效的途径。

品牌包装设计是整个营销沟通策略中的重要组成部分。据统计，1/4的消费者会因为实际需求购买，而3/4的消费者则是因为心理作用购买，因此，好的包装设计会凸显产品要传达的信息，让消费者从情感层面将注意力凝聚到包装上，从而刺激消费，促进销售。所以，民宿品牌的概念、卖点、符号等元素都要在包装设计上有技巧地呈现出来。

小结

民宿的推广策略要通过适当的包装和策划，直接突出卖点和特点，从而在众多竞品中以最短时间被用户选择。

民宿品牌包装设计的关键点如下所示。

（1）表现民宿品牌的特质和个性，与其他民宿业态进行区分。

（2）包装形式、色彩、图形等元素应便于消费者识别和记忆。

（3）传递的有效信息应简洁、明了、易于识别。

（4）以营销为导向的品牌包装，要能够从眼花缭乱的品牌中脱颖而出，从而吸引消费者的"眼球"，提高售卖能力。

品牌包装的设计定位不取决于民宿主的喜好，而取决于市场的需求。任何一款爆款的存在都有着感性和理性的原因，消费者购买行为的产生一定是感性和理性综合作用的结果。

在营销活动中，除了使包装充分展现品牌特色以外，还需要运用适当的包装策略，使包装成为强有力的营销手段。常用的包装策略有以下几种。

民宿包装策略	
（1）相近包装策略	（2）配套包装策略
（3）再使用包装策略	（4）附赠品包装策略
（5）等级包装策略	（6）改变包装策略

◎ 民宿包装策略

（1）相近包装策略。相近包装策略是指对各种产品采用相同或相似的形状、图案、色彩和特征等。这种包装策略的优点是节省包装设计的成本，加深消费者对民宿产品的印象，扩大民宿及民宿产品的影响力，扩大推销效果，有利于新产品迅速进入市场。但如果产品质量相差太大，会形成负面影响，因此，应慎用这种策略。

（2）配套包装策略。配套包装策略是指依据人们的消费习惯，把使用时有关联的多种产品配套装入一个包装物中同时出售。如将系列食品包装放在一起出售，便是典型的配套包装。这种包装策略的优点是一物带多物，既方便了消费者购买，又扩大了销路。

（3）再使用包装策略。再使用包装策略又称为双重用途包装策略，即包装物在产品用完后，还具有其他用途。这样可以利用消费者一物多用的心理，诱发消费者的购买行为。这种包装策略既能让消费者得到额外的使用价值，又能让包装物在再使用过程中，继续发挥宣传作用。

（4）附赠品包装策略。附赠品包装策略是指在产品包装物上或包装内，附赠物品或奖券以吸引消费者购买。如许多儿童食品采用此种包装策略。采用这种策略可以引起消费者的兴趣，吸引消费者重复购买。值得注意的是，赠品应制作精良，不可粗制滥造，否则不但起不到促销的作用，还会影响产品的形象。

（5）等级包装策略。等级包装策略是指根据所有产品品种和等级的不同而采用不同等级的包装，分为精品包装和普通包装。这种包装策略的优点是既能突出商品的特点，与商品的质量和价值协调一致，又满足了不同购买能力的消费者的需求。缺点是增加了设计成本。

（6）改变包装策略。改变包装策略是指对产品原包装进行改进或更换，达到增加销量的目的。改变包装策略包括改变包装材料、变化包装形式和图案、改进包装技术等。当原产品因声誉受损导致销量下降时，可通过改变包装降低影响。

所以，不论是实体产品还是虚拟产品，都可以运用以上六个产品包装策略。

小结

树立民宿品牌是营销环节的第一步，也是最重要的环节。随后才能制定相应的推广策略和产品包装。构建用户画像，分析市场需求，能够为品牌营销提供直接参考。由于市场庞大、选择众多，民宿需要在短时间内抓住消费者的痛点，因此在包装策略上，要做到直接有效。一要吸引眼球，二要体现差异，三要突出性价比。

二、搭建媒体框架，先声夺人

不可否认如今是网络时代，随着自媒体的兴起，传统媒体不再居于主流地位。而自媒体的特点是大众化，人人都可以成为媒体传播者，人人也都可以成为网红，都可以打造爆款。众多民宿也借着自媒体的东风，一跃成为网红，被大众所熟知。夕霞小筑更是一度被湖南卫视的《天天向上》节目请为嘉宾，雪莉温婉大方地透过荧屏向大家介绍她与民宿的故事。在自媒体的时代，不论是民宿，还是民宿主，都是一个独具个性的IP，而IP的特性就是容易传播，容易获得认同和一种人群的簇拥。

如今，民宿业态一贯使用的推广方式除了OTA平台，就是自媒体，形成这种现象的原因与自媒体的特性有关。首先自媒体的推广成本可控，不像互联网平台、传统媒体那样，推广成本巨大，反响效果也不甚明了；其次是自媒体具有私人订制性，每个民宿主都可以通过自己想要的方式来传达民宿的主张，不需要层层过审，承担的风险也相对较小。例如：无边泳池、北方的小院、莫干山民宿等的兴起都与自媒体有关。

© 大地乡居

1. 民宿自媒体搭建的战略意义

多数民宿建立自媒体平台，希望能够增加客源，进行蓄客和变现。而那些排名靠前、持续进行自媒体建设并取得一定成效的民宿品牌，其自媒体建设的战略意义是远高于蓄客意义的。这里以"行李旅宿"为例，它是近年来发展较好的自媒体品牌。"行李旅宿"获得了戈壁创投的数千万元A轮融资，并与亚朵酒店达成了战略合作，其发展态势可见一斑。

"行李旅宿"的定位是访谈式媒体和高端线路开发平台，提供的内容主要专注于两个方向：一是独家深度访谈，访谈嘉宾有梁文道、贾樟柯等；另一个则是高端线路定制，以住宿为中心展开旅行活动，由明星带队。而在"行李旅宿"公开对外展示的产品线中，"行李旅宿"脱离单纯的微信公众号属性，而是作为一个"文旅品牌"被单独提出。一个微信公众号为什么能被提升到产品线的高度？这是由"行李旅宿"的战略目标决定的。

"行李旅宿"的战略目标是通过多样化的住宿产品体系，深度挖掘在地文化和旅游体验产品，打造旅行度假生态圈平台。而"行李旅宿"目前的内容规划与发展方向，都在为这一战略目标服务。同时，深度文化旅行内容的持续输出，又起到了精准筛选客群、维护客户黏性、树立品牌形象的作用。因此，新媒体建设对于"行李旅宿"而言，战略意义是高于蓄客意义的。

小结

媒体平民化使得最基础的业态也能拥有自我发声的平台和渠道，民宿搭建自媒体不仅能够先声夺人，也能够将客户有效留存。

2. 民宿自媒体应该怎么做

无论是杜蕾斯的创意至上，还是招商银行的服务为本，品牌运营重要的是保持自身特性。民宿在进行新媒体运营时应重点关注以下三点。

1）团队

作为一个新媒体人，必须深刻明白团队作战的重要性。一个人兼顾文案、客服、运营、推广、执行、策划、销售，这样不仅累，更重要的是缺乏时间去认真总结，在这个过程中，容易思维僵化，进而开始怀疑这个岗位的意义。民宿的新媒体建设，至少需要三个人协同作战，而且至少需要一个人不断接触、学习、思考新媒体的玩法，让新媒体能实现真正意义上的"新"。

团队确实很重要，如果想走得快就一个人走，如果想走得远就一群人走，因此，一定要建立一个好的团队。

2）策略

新媒体具有媒体属性，不仅仅涉及运营和品牌的操作，还属于市场的范畴。做新媒体不能故步自封，应不断学习其他品牌的新媒体运营策略。

首先，应每天对新媒体数据进行观察和记录，以便了解新媒体运营状况；其次，要制定与民宿发展相一致的选题内容；再次，要勤思考，勤编排，只有熟练了才能有所体会；最后，推送的内容应有足够的吸引力，并且推送后持续关注。

3）推广与涨粉

微信大号在前期引爆的时候都会投入很多，而做大之后并不会特意提起前期的推广方式。新媒体并非无本万利。它需要的是低成本、高收益，在不断试错的过程中，总结出符合企业特性的快速推广的办法。

民宿可搭建的媒体架构	
微信平台	公众号、个人号、微信群、微信广告资源
微博平台	企业官微、微博广告资源
问答平台	知乎、豆瓣、果壳、百度问答、360问答
百科平台	百度百科、360百科、互动百科
直播平台	快手、映客、花椒、一直播
视频平台	抖音、美拍、秒拍、优酷
音频平台	喜马拉雅、蜻蜓FM
自媒体平台	头条号、一点号、凤凰号、网易号、搜狐自媒体
论坛平台	百度贴吧、民宿论坛等

（以上内容节选自《人人都是产品经理》）   ◎ 民宿媒体架构

3.OTA平台的运营机制

大多数民宿都在OTA平台上做推广，因此需要就OTA平台的运营机制做一下介绍说明。大部分在OTA平台上预订民宿的客人其实是没有亲身体验过平台上推荐的大量民宿的设施和服务的优缺点的，所以在预订时，他们通常会对比民宿的信息来做出最后的选择。

既然民宿在互联网上的形象会直接影响顾客的决策，那么民宿应该如何维护自身在OTA平台上的形象呢？又如何在OTA平台上获得一个好的展现呢？需要注意以下几点。

1）签字描述不如一张配图

在OTA平台上传的民宿照片应符合以下要求：高清晰度；突出民宿功能；采用最新的照片，而且不能是效果图；正确选择周边旅游资源的照片，不要太多，但一定要有。

2）需求关键词

从客人的需求出发，介绍客人经常搜索的热点词语，如景点、事件、交通、设施、价格等，以提高被搜索的可能性。

影响民宿在OTA平台上展现的因素有以下几点	
销量	同一时期，销量越高的民宿产品，就有越大的概率排在前面
点评	入住客人对民宿产品的点评非常重要，直接决定民宿排名的前后
确认率	确认订单数的占比，确认率越高，排名位置就会越靠前
优质商家	获得相应优质商家头衔（如携程的金牌商家），则会给予更多前排展示的机会

信息完善程度	民宿信息填写得越完善，越会有提升排名的机会
佣金比例	佣金越高，排名越靠前
活动参与度	促销、团购等活动的频繁程度，对排名有部分影响
保留房数量	预订平台需要留存保留房，通过此类方式提高预订率及排名
拒单率	拒单率过高，不仅会受到平台的惩罚，而且会被减少展示机会

◎ OTA 排位要素

3）线上线下价格一致

坚持价格一致性。如果民宿线下价格高于 OTA 平台上的价格，客人将被绑定到 OTA 平台上预订，民宿将损失差价和佣金。OTA 平台上的促销价格也在线下提供，可以避免因价格差异导致直接营销渠道的客户流失。

4）尽量不关价格不关房

可以提高房价，或限制入住天数，来达到关房的效果，因为关房会影响酒店在 OTA 平台上的排名，同时也会失去常住客人。

5）分散风险，积少成多

尽量与更多的 OTA 平台合作。不要因为效果不好就放弃，如果 OTA 平台一天能带来 3 个订单，一年就是 1095，也是不错的收入了。而且合作越多，民宿在网络上的曝光率越高，相当于广告牌越多，这对于低品牌声誉的单体民宿尤为重要。

6）通过网评互动来维护客户关系

在 OTA 平台上填写顾客点评是对民宿宣传的延伸和补充。及时、积极地与客人互动是很有必要的。应及时回复客人的意见和感谢客人的称赞，最好在 3 天内答复。对客人的投诉，要积极采取措施予以补救，并做好客户关系的维护工作。需要注意的是回复模式应该个性化、人性化，而不是千篇一律的模板回复。

◎ 大地乡居

随着市场竞争日益激烈，OTA 平台已经不能满足民宿主的推广需求了。越来越多的民宿主开始通过各种其他形式提高自身品牌影响力，全网营销的概念应运而生。全网营销分为以下几个大类，做好这几类平台的营销，可以让品牌曝光度显著增强。

（1）OTA 平台：以携程旅行网、艺龙旅行网为主。此类平台为在线旅游服务商，70%的流量都来源于此，所以有必要在这类平台上下功夫。首页展示区、评论区和周边都是可以做文章的地方。当然，OTA 平台的不足也比较明显：一是平台代理的民宿众多，在其代理的民宿中位置、区域等条件相同的很多，打价格战尤为明显；二是消费者通过 OTA 平台选择民宿时，更乐于在几个平台中选择价格更低更值得信赖的，这并不利于培养顾客对商家的忠诚度；三是必须支付佣金，当商户对 OTA 平台形成依赖，将彻底失去佣金谈判的"话语权"。

（2）短租平台：以爱彼迎、途家网、小猪短租为主。此类平台的商户和用户更精准。商家只要把首页展示区和用户评论区做好，在平台上推荐就不是问题，而且佣金相对较低，但是流量相对携程等 OTA 平台低很多。

（3）社交平台：以微博、微信、抖音、论坛、自媒体为主。社交平台流量最高，对于刚做的小白来说成本最低，性价比最高。很多民宿通过微博、微信发掘潜在客户，激励老用户。微博、微信已成为商户和客户沟通的纽带，有助于开展宣传和推广工作。

新浪微博是由新浪网推出，提供微型博客服务的产品。用户可以通过手机端发布消息或上传图片，用户也可以直观地看到、听到其他用户的评论。另外，OTA 平台订单量的高低与社交平台运营的好坏有着直接联系。

除此以外，民宿还可以通过美团、百度糯米等团购平台进行营销。此类平台也可以带来一部分流量。

4. 如何合理控制 OTA 平台的营销成本

成本控制是成本管理的重要环节，也是民宿日常运营中最基本的环节，其最终结果是通过成本控制给民宿节省不必要的开支，从而截留一部分的成本效益。这里主要说明成本控制的基本理论，民宿在成本控制中存在的问题以及加强成本控制时应当采取的措施。

在民宿的日常运营中，可控成本主要集中在人力成本、物耗成本、能源成本、维修成本、销售成本、其他成本等方面。因为本章讲述的是营销内容，所以这里主要介绍销售成本的控制。一个良性发展的民宿，其投入产出比是可以预估的，甚至可以根据投入产出的情况，来了解民宿运营的状态，从而进行调整，更好地改进民宿的营销成本投入。

通常民宿在营销过程中，销售渠道狭窄，过度依赖 OTA 平台。几大 OTA 平台的兼并整合，使得以携程为代表的 OTA 平台一家独大。对民宿收取的平均佣金为 15%，这对单体量民宿而言，是一个不小的负担。

小结

OTA平台往往让民宿主又爱又恨，它确实能带来直接的流量和订单，但产生的佣金也是不小的成本消耗。

民宿可通过以下方法来减少对OTA平台的依赖，控制销售成本。

（1）拓宽销售渠道，减少对OTA平台的依赖，降低佣金成本。如提升服务、提升客人入住体验感，从而通过客人的口碑宣传，增加客人的来源渠道。

（2）根据淡旺季客人流量，适当地进行房态操作。如春节期间，由于线上线下客人流量巨大，如果客栈有二十间客房，那么可以拿一部分在OTA平台上销售，一部分在线下销售。全部线下销售也不妥，因为会影响到民宿与OTA平台的合作及排名情况。

（3）加强网络营销推广，加大直销平台客人来源。

（4）把OTA平台线上客人转化为线下客人。

（5）通过话题营销、事件传播等软文形式进行推广。与硬广告相比，软文似绵里藏针，收而不露，克敌于无形，它追求的是一种春风化雨、润物无声的传播效果。

除了自媒体及OTA平台以外，互联网的付费推广方式还有如下几种。

（1）竞价推广。竞价推广是按照给网站主带来的潜在用户访问数量计费，没有客户访问量不计费，可以灵活控制推广力和资金投入。竞价推广是通过对搜索引擎竞价推广账户的优化，从而在搜索引擎的搜索结果中取得较高的推广排名，从而以较低的成本和较短的时间，获取较大的效益。

（2）DSP推广。需求方平台允许广告客户和广告机构更方便地访问，更有效地购买广告库存，因为该平台汇集了各种广告交易平台、广告网络、供应方平台，甚至媒体的库存。有了这一平台，就不需要再出现另一个繁琐的购买步骤——购买请求。

（3）CPS推广。CPS广告是网络广告的一种，广告主为了规避广告费用风险，按照广告点击之后产生的实际销售量付给广告站点销售提成。

（4）新闻媒体推广。新闻媒体推广就是借助各大商务发展到一定阶段的网络新闻推广模式，是较为高端的营销推广模式，也是费用合理的高等级推广渠道之一。

（5）广告位推广。一切在具有流量的位置或区域做的广告都是广告位推广。

（6）外包推广。将自己的产品或服务托付于具有传播性质的媒体的行为叫做外包推广。通常来说，将推广工作外包给专业机构更省时省力，效果也更好。

（7）综合推广。根据自己的产品形态选择适合自己的推广方式，一般可以选取转化率最高的两种或多种推广方式。

（8）BD 推广。BD 推广是将自己的产品和其他民宿的产品进行结合，形成新的产品，以获得用户对双方品牌的认知。这样的形式又叫"联合 IP"。如小黄人和 ofo 小黄车，优衣库和任天堂都属于联合 IP。

三、渠道为王的时代总要做点什么

民宿本身，是产品也不是产品。民宿产品需要通过营销渠道推销出去，而民宿本身具有一定的自主性，提供的是一种对生活的体验和感受。民宿主通过民宿传达一种生活态度，进而让消费群体参与进来。

© 莫干山 Anadu 度假酒店

市场上出现的众多民宿业态，本身是产品，需要通过营销策略推销出去，让更多的人知道并前来体验，从而达到盈利的目的。这是市场环境下所有产品的最终使命。

很多民宿在旺季的时候有人入住，但是淡季只能歇业，甚至市面上部分民宿存在坐门等客的现象。此类民宿往往依托附近的景区流量或交通优势进行导流。其实，多数不盈利的民宿，80%的营销策略都是有问题的。

1. 民宿没有生意的六点原因

1）重视营销推广，不重视后续服务

多数民宿业态十分重视营销推广，无论是通过自媒体，还是通过 OTA 平台，基本在能展示的地方都会下力气去做推广，这确实引来了很多流量，也达成了有效的订单。更有营销头脑的人还会通过活动的方式来强化用户体验。

部分民宿营销工作做得很好，但是后续服务却很糟糕。客人入住后，就没有了后续的跟进服务，直接导致用户体验感降低。这些都会极大地降低用户再次体验的意愿，同时用户会通过他们自身的方式向外界传达对民宿的意见和态度。

业内有一个约定俗成的标准，新用户与回头客（或者转介绍客人）的比例达到 6∶4（甚至更高），则这个民宿业态是良性的，甚至是优秀的。所以营销的后续服务也是关键所在。让用户再次前来体验，让客户自发地宣传民宿，比付费去做营销的效果要好很多。

> 小结
>
> 很多民宿重视前端营销，却忽视了后端的服务，这往往是民宿效益不好的主要因素。

2）依托 OTA 平台，没有自有渠道

市面上 90% 的民宿都是在 OTA 平台上进行推广，效果十分明显。基本上 OTA 平台的佣金为成交价的 10%～15%，核算下来高达民宿利润的 30%，甚至更多。

完全依赖 OTA 平台的民宿业态虽然很少，但是依然存在。多数民宿业态都会搭建自己的营销渠道，无论是自媒体、短视频平台，还是通过入住客户进行二次传播，这些都是民宿业态在搭建自有渠道时摸索出来的路子。

自有渠道一定要有，OTA 平台也需要合作。因为 OTA 平台不仅能促成订单，也能推广品牌。良性的民宿业态，其自有渠道和 OTA 平台的获客比例是 7:3，所以，自有渠道的作用并不比 OTA 平台小，关键是要去做，需要花时间壮大自有渠道。

> 小结
>
> 良性的民宿业态，是兼顾 OTA 平台和自有渠道的，而且 OTA 平台所占的比重要少于自有渠道。

3）旺季停止营销，淡季坐门等客

多数的民宿品牌在旺季是完全不担心入住问题的，因为旺季拥有大流量，就算不做任何营销，也能达到客满的效果。尤其是在旅游景区、风景名胜附近的民宿，这类现象更加明显。

北方民宿具有明显的淡旺季，长达四个多月的淡季，多数民宿会选择歇业。淡季少有人入住，收入甚至都不能跟成本持平。但北方民宿淡季时也不乏入住率很高的民宿。

陈长春说过："民宿淡季营销问题，需要冬病夏治。"在民宿旺季的时候，也应不间断地加强产品营销和品牌推广，加深消费者对民宿品牌的印象，从而在淡季的时候，消费者可以第一时间想到让自己印象深刻的民宿并前来入住。淡季的营销方式也可以参考小米的"饥饿营销"。

"淡季做市场，旺季做营销"的含义是在旺季的时候加大营销力度，达到供不应求；淡季的时候做市场，持续产生品牌效应。

4）没有长期规划，囿于产品思维

任何企业都要制定长期规划，然后一步步去实现，才能走得更好更远。同样，民宿想要做得好，也需要制定长期规划，并且将规划分步骤细化，如不同时间段的主要目标是什么，需要面对的问题有哪些，如何解决等。

产品思维和用户思维的主要差别是前者以产品为主导，后者以用户为主导。经过互联网时代的洗礼，多数以产品思维为主导的企业都趋于消亡，只有以用户思维为主导，才能把民宿做好。

运用用户思维的关键是充分挖掘消费群体的需求和意愿。引领潮流的永远是年轻群体，所以在民宿的长期规划中，一定要在笼络好主流消费群体的同时，充分挖掘未来主流消费人群的喜好、习惯等，投其所好，才会引发分享传播，从而达到营销的目的。

运营做得好的民宿往往是从宏观角度制定战略规划，并坚定地执行，并在运营过程中不断根据市场变化而调整。

5）缺乏战略意识，贬低排斥同行

这是个分享的时代，供需方随时发生着变化。时代的进步，让人们更多地享受资源，同时也在分享资源。"合作共赢"已经不再是新鲜的名词，每个行业都在运用这种方式。

"分享经济,合作共赢",未来一定是这样的标准。行业集群化、智能分散化是必然趋势。社会不再需要一专多能的人才,而是需要人们之间取长补短,挖掘自身优势,保有核心竞争力,同时联合一切能够合作的资源渠道。行业的蛋糕只有那么大,吃独食者必然会被打击甚至孤立,未来的趋势,是公平公正地把蛋糕分发给大家。

> **小结**
>
> "同行是冤家"已是过去的形式,当今业态,往往打败你的不是同行,而是其他的业态。因此,同业态要报团取暖。

6)营销方式随意,缺乏数据统计

多数民宿都很注重营销方式和方法,基本上他们的营销手段是一致的。所谓的差距,也基本上是地段、设计、功能的区分。但是相同体量,甚至相同模式的民宿之间仍然存在差距。

良性的民宿品牌,都会有完善的数据化信息。数据是不会说谎的,同时也会反映出很多问题。通过数据进行持续地调整和完善,是诸多业态所必然遵守的法则和方法。借助经验能够规避一些大的问题,但是通过数据却能发现一些小问题。

◎蜜桃儿客栈

2. 民宿营销如何搭建自有渠道

民宿业态有句行话:营销与情怀无关。不得不承认,很多民宿主在投身于民宿行业的时候,都是带着一份纯洁的情怀的,都是为了追寻一种美好的感觉。"酒香不怕巷子深"是属于过去的,"养在深闺人未识"是一种很遗憾的结果。好的营销并不会打破这种美好的感觉,而且还会带来更好的良性循环,不仅可以节省更多的精力与时间去进一步升级民宿,还可以将它分享给更多的人!

民宿产品的最大特点是硬件优越，与众不同，有情怀加持。与一般的农家乐相持，硬件要高端很多；与五星酒店相比，又拥有很大的个性化空间，能收获很多在标准化酒店感受不到的情怀与故事。

那么，对于民宿来说，有哪些营销渠道呢？"集赞享免单""转发就送一晚安心睡"等营销模式并不能突出民宿的特点，而且，目标定位人群不精准，属于"赔本赚吆喝"的行为。以下按照从小到大的顺序来叙述民宿的营销渠道。

1）个人朋友圈

民宿区别于一般的度假酒店的一个显著特点就是独特的主人文化。在如今的互联网时代，了解一个人的首要方式就是了解一个人的朋友圈。所以民宿主人需要重视自己的朋友圈，并恰如其分地分享民宿独特的设计与品位，以及与众不同的故事。为了与客人做朋友，朋友圈除了广告以外，还应有故事和情怀的分享。这样既省了广告费，还能结交更多朋友，何乐而不为？

2）自建自媒体

在移动互联网的时代，已经没有人敢小瞧自媒体的力量了。在莫干山，优秀的民宿都有自己的公众号。民宿的一些特色、美景、活动、优惠信息等都在公众号上面发布。优秀的民宿还会用很多线上活动来与粉丝互动。

如何运营自己的自媒体呢？多看、多写、多琢磨。多看是指多看一些优秀的自媒体，包括同类的自媒体，了解他们是如何处理内容与读者的联系的；多写，很好理解，"站在岸上学不会游泳"，在papi酱一夜爆红之前，她在自媒体这条路上的积累已经有好几年，她的成功并非绝对的偶然，这个偶然之中也有必然；多琢磨，就是不断地反馈、总结，对每个小细节都不放过，将产品不断完善。

3）优质平台曝光

每一个看过"一条"这个公众号的短视频的人，很难不被视频的高质量所征服。它是"生活|潮流|文艺"这个领域里的"大V"，阅读量和转化率都很高。所以，如果能在这样的平台曝光，会瞬间获得极大的关注量。

在优质平台曝光的难点在于如何在价钱、平台的口味、自己的需求三者之间找到平衡。首先，可以多关注一些优质的平台，了解他们的传播内容和形式，考虑是否适合自己的民宿，了解这些优质平台的受众的特点，考虑其是否是自己的目标群体，并积累自己的自媒体储备库；其次，找准自己的定位，考虑应采取怎样的曝光方式和宣传手段；最后，选择自己的自媒体库中最合适的平台并与其合作。

4）营销生活化

在经营一个产品的时候，其实并不一定要挑选一个时间或者机会去营销。很多时候，营销就在民宿主和员工的一言一行中。比如，有的民宿主去参加民宿培训班或者民宿论坛，本来是抱着学习、交流的心态去的，结果不知不觉地提到了自己的店，自己都没意识到这是营销，但却起到了很好的营销效果。

员工无意间把店里的某个小特色发到朋友圈，吸引了一些潜在客户的注意，同样起到了营销的效果。由于主人和员工对这家店足够熟悉，足够热爱，才不会认为发朋友圈动态是一件宣传的工作，而只会认为是一种美好的分享。

民宿营销是一个很大的话题，光是技巧和攻略就可以单独成书。这里以"个人朋友圈""自建自媒体""优质平台曝光"，"营销生活化"四个部分抛砖引玉，希望给有志于运营好民宿的民宿主提供一些有用的思路。

3. 销售渠道的建设及营销

销售渠道是链接客人和民宿的通道，是民宿的生命线。建设好销售渠道并对销售渠道进行有效推广，民宿才有可能获取更多的客流。民宿的销售渠道可分为三类：线上渠道、线下渠道和口碑渠道。线上渠道是指客人通过在线预订、支付、入住的方式。线上渠道分为两类，一类是通过专业的预订平台进行预订；一类是在网上通过其他信息获取并通过电话及社交媒介进行预订。

1）线上渠道

线上渠道的建设需要对各类线上平台有所了解，并选择适合自己的线上平台进行展示售卖。首先，要保证售卖信息的完整。信息的完整程度可以影响民宿的流量及排名。其次，对展示页面的持续优化，对提高转化率有很大影响。由于客人"停留"在页面的时间很短，要想在短时间内打动客人，就要足够优化页面，漂亮的图片、深刻的名字、合理的价格，这些都能够提高转化率。

民宿线上渠道分类	
直销平台	米途、微客栈、微店
分销平台	携程旅行网、去哪儿网、艺龙旅行网、缤客、途家网
团购平台	美团、百度糯米
自媒体平台	借宿、知宿、佳乡学院、精选民宿
跨界平台	旅游、户外、摄影等网站及媒体平台

◎ 民宿线上渠道

客人浏览页面的顺序一般是从上到下，从左到右。首图信息应位于民宿信息的最左边，是客人首先看到的信息。首图能直接影响点击转化率。选取首图的四个关键词：色彩、角度、卖点、代入感。

（1）色彩。色彩会影响人的视觉神经，进而影响人的情绪，如喜悦、压抑等。首图色彩要饱满、丰富、亮丽。色彩搭配数量为三种左右，切忌选用色彩灰暗的图片。

（2）角度。首图展示通常以整体（民宿整体）和局部（代表性房间或者公共空间）为主。

（3）卖点。民宿中具有独特性或者稀缺性的亮点。

如海景房民宿的首图要突出海景这一卖点，无论是房间海景，还是公共区域海景。

（4）代入感。如果首图所展现的画面感、代入感很强，客人就会把自己代入首图所呈现的环境中，在环境中进行虚拟体验，进而获得一种虚拟美感。具有代入感的图片需要有场景化的特质，场景化就是让客人了解在这里能够体验什么，如喝茶、读书、赏景、晒太阳等。场景化要传递一种自在、悠闲、温馨的氛围，如果图片中有人物，最好拍摄背影或者侧拍。

© 蜜桃儿客栈

渠道方面的价格体系表现要层次化，立体化，两头轻中间重（低价和高价少）。价格波动范围应与客人心理预期价格波动范围一致。合理的价格差控制范围：价格在100元左右，价格差控制在30~50元；价格在千元左右，价格差控制在100~300元。例如：客人心理预期价格是100元，那么，150元也可以接受，但是200元就难以接受了。

预订量 = 搜索量 × 转化率 - 取消量

由上面公式可以看出，一家民宿的预订量取决于搜索量、转化率及取消量。搜索量和转化率越大，取消量越小，民宿的预订量越多。

搜索量。民宿页面搜索出现频率。从客人角度出发，搜索一般有两种，即条件性搜索，根据条件去搜索，如地域位置（地标、商圈）、价格、级别、好评等；另一种就是直接搜索民宿名字。

即使同时选定几个条件搜索，出现的量也很多，此时搜索量取决于民宿在同一条件下的排名。排名越靠前的民宿越容易被客人搜到。对于同一地域几千家民宿，客人没有耐心把每一家都看完，他们往往会阅览前几页出现的民宿。

影响民宿在 OTA 平台排名的因素有以下几点。

（1）销量：同一时期内，销量越多，越利于提升排名。

（2）点评：点评数量越多，分数越高，越利于提升排名。

（3）及时确认率：确认率＝确认订单数／总订单数。拒单率越低，排名越靠前。

（4）与网站的深度合作：如携程旅行网的金银牌商家、去哪儿网的金冠商家、艺龙旅行网的钻石商家。

（5）信息完整度：民宿信息的完整度越高，排名越靠前。

（6）活动参与度：各大 OTA 平台上有"机＋酒""景＋酒"各类促销活动，应积极参与此类活动。

（7）佣金：一般来说，佣金越高，排名越靠前，但是佣金对于 OTA 平台排名的影响并不是很大。

（8）保留房数量：保留房是 OTA 平台可以直接确认给客人的，无需民宿的同意。民宿应设置一定比例的保留房给 OTA 平台，从而提高预订率及排名。

（9）拒单率：及时掌控房态信息，尽量不要出现拒单情况。

小结

民宿线上渠道的搭建是有一套互联网标准的，可以通过持续的对比、观察、分析得出一些方法。

转化率：转化率包括两个部分，即点击转化率和订单转化率。

影响点击转化率的因素有以下几点。

1 首图：首图能够吸引客人的第一注意力，首图的吸引力越强，消费者点击进入页面的概率越高。

2 基础信息：民宿的名字、级别、地理位置、优惠信息等。

3 评论分数及评论总量：评论总量越多，分数越高，客人认可度越高，转化率越高。

4 最新预订情况：最新预订时间与搜索时间越近，越有利于提高转化率。

5 最低价格：最低价格越符合客人的心理预期价格，转化率越高。

订单转化率是指客人点击页面进去后最终下单的概率。订单转化率的高低决定着订单预订的数量。影响订单转化率的因素有以下几点。

（1）图片质量、数量：上传高清图片，数量要多。

（2）房型：房型名称、图片、各个渠道价格，同一种房型中，尽量上传多张房间图片。

（3）设施概况：简介、接送服务、设施服务。

（4）点评：点评分数及差评占比。

（5）预订流程：淡季期间，取消限制条件，如取消担保。

这里强调一点，预订流程越方便简单，步骤越少，预订率就越高。担保订单适合入住率高及房价高的情况。民宿可以设置一部分预付订单。在淡季或者入住率较低时，多设置预付或者现金订单。

◎ 蜜桃儿客栈

2）线下渠道

线下渠道包括散客、旅行社、团客、固定客户等。客人通过上门询问或者通过电话、微信、微博等方式进行预订，可以把通过这种方式预订的客人称作散客。

线下营销及推广可以采取以下方法：

（1）完善民宿资料、公众号、二维码、客栈宣传册的印制等。

（2）与一些旅游杂志合作，进行宣传推广。

（3）和旅游目的地的地图提供商合作，增加曝光率。

（4）旅游产品的整合，让更多的人参与进去。

（5）线下活动推广，如为贫困儿童捐助等一些慈善活动。提升民宿的曝光率和社会责任感。

（6）与旅行社保持合作关系。

3）口碑渠道

通过口碑介绍，客人预订入住。口碑渠道建设不是一朝一夕的事情，需要长时间积累。口碑渠道建设的三个关键：①为客人提供良好的入住体验是基础。只有客人入住后感觉不错，才有可能推荐给身边的人。②维护好与客人的关系，时刻要"惦记"着客人。在微信、微博上和客人互动，节假日时要打电话、发短信问候客人。③给予口碑介绍者价格优惠或奖励，如给被介绍而来的客人打折。民宿可以制作一些电子优惠券，客人可以发送电子优惠券给被介绍的客人。

小结

　　无论是线上渠道建设还是线下渠道建设，都可以归结为营销推广。二者营销推广的方法存在差异性，要区别对待。

4）民宿营销的渠道策略

　　在民宿营销前期，应多渠道齐头并进。营销中期，以两个主要渠道为主，并选择一家分销平台与其独家合作，提高曝光率。营销后期，在客源稳定的情况下，以直销平台为主，省去分销平台的佣金。

　　（1）开拓多个渠道，广撒网。

　　（2）专注于两个主要渠道。在广撒网的情况下，集中精力做好其中两个主要渠道。

　　（3）三种渠道中线下渠道销量最多、线上渠道和口碑渠道次之，是一种比较理想的运营状态。民宿应尽量减少对线上渠道的依赖，加强对线下渠道、口碑渠道的建设及推广。

　　（4）根据具体情况选择合适的网站，每个网站的客群特征存在一定的差异，如携程旅行网的客人一般是商务群体，去哪儿网的客人多是年轻群体。缤客、安可达两个网站的外国客人居多。

　　（5）保持各个渠道的价格一致性及信息一致性。不能出现有的网站更新了最新的信息，而有的网站上信息还是旧的。

　　（6）要根据具体情况，灵活地选择渠道。当客人认为线上预订繁琐或者某些客人不适合网上预订等，可将线上客人转为线下预订。当民宿需要积累网络评价，或者网站上有优惠活动时，可以推荐线下客人在线上预订。

 小结

　　民宿的营销重点是持续性。一是指从客人预订、入住到退房的后续跟进都是营销的过程；二是民宿的全年运营都是营销的重要时段，只是运用的策略有所不同；三是渠道平台的比重分配调整。在民宿经营的不同阶段，以上三点又有不同的表现和比重的调整，但核心是成本的最低化和效益的最大化。

四、持续的活动，持续的话题

　　民宿作为生活场景的载体，其定义就是要通过不断更新与持续的活动，持续地调动消费者的兴趣点和积极性。而消费者的特性是喜新厌旧，如果没有持续新颖的东西，就不会持续地让消费者产生消费的冲动和复购的概率。因此，持续的活动是民宿日常运营中最需要考虑的问题，最起码要有一整套完善成熟的活动体系来应对新老顾客。

持续的活动其实也是一种营销手段，持续的活动可以有效而迅速地提升民宿的知名度和品牌影响力。简单来说，活动营销就是围绕活动本身而展开的营销手段。以活动为载体，使民宿获得品牌的提升或销量的增长。对于消费者来讲，富有兴趣的活动能够充分调动消费者的传播兴趣和分享意识。

1. 活动营销的意义和价值

1）活动营销的意义

（1）提升民宿的品牌影响力。好的活动营销不仅能够吸引消费者的注意力，还能够传递出品牌的核心价值，进而提升品牌影响力。那么，如何让品牌的核心价值为消费者所认同呢？关键就是要将品牌核心价值融入活动营销的主题里，让消费者接触活动营销的同时，自然而然地受到品牌核心价值的感染，并引起消费者的情感共鸣，进而提升品牌的影响力。

（2）提升消费者的忠诚度。活动营销是专为消费者互动参与打造的。活动能够激励消费者参与，并引起大众的关注。产品和品牌形象只有深度影响了消费者，才能够提升消费者对品牌的美誉度，进而提升消费者的忠诚度。

（3）吸引媒体的关注度。活动营销是近年来国内外十分流行的一种公关传播与市场推广手段。它集新闻效应、广告效应、公共关系、形象传播、客户关系于一体，并为新产品推介、品牌展示创造机会，为建立品牌识别和品牌定位提供帮助，是一种快速提升品牌知名度与美誉度的营销手段。20世纪90年代后期，互联网的飞速发展给活动营销带来了巨大契机。通过网络，一个事件或者一个话题可以被轻松地传播，并引起人们的关注，成功的活动营销案例开始大量出现。

◎ 粗衣食吾

2）活动营销的价值

（1）吸引增量广告。在房地产市场上，媒体广告可以分为两类，一类是常规广告，一类是增量广告。前者一般是被发展商列入楼盘营销推广计划之中，按计划投放的广告；后者是计划之外、额外增加的广告投放，通俗点说就是可做可不做的广告。在一个成熟的、竞争激烈的市场中，常规广告已经不能满足媒体经营目标的增长需求，此时，通过活动营销开发市场增量广告，必然成为媒体经营中的新思路。

以房地产广告市场为例，常规广告往往是单纯的销售广告，刊登的内容是楼盘的基本信息、主要卖点；而用活动营销带来的增量广告中，销售是一种诉求，更是一种形象宣传、个性卖点的推广。两种形式的广告相辅相成。

（2）创造并独占新闻资源。媒体独家策划的活动往往是媒体的独家新闻资源。如 2002 年，深圳特区报提出的 "终极置业" 推广活动，因为题材新颖、概念独特，一经推出，不仅在深圳如火如荼地展开，北京、上海、沈阳、长沙、贵阳、长春、成都等各大城市，也都纷纷举起了 "终极置业" 的大旗，掀起了一股声势浩大、影响深远的 "终极置业" 大潮，而深圳特区报更成为此概念的源点，源源不断地向外输出新闻资源。

小结

不要默默无闻，要动起来，持续地引起关注和兴趣，才能获得持续的流量。

（3）提升客户依赖度和忠诚度。为客户量身定制的活动使得楼盘报纸版面成为发展商推广开发理念的专用平台，强大的新闻配合广告宣传能够使发展商的楼盘成为市场的第一阅读量，从而达到推广营销的目的。而这一切必须在主流媒体活动营销的前提下才能够形成，为了达到这样的目的，发展商对主流媒体的忠诚度和依赖性一定会越来越强。

（4）价格套餐争夺市场。现在，媒体市场竞争越来越激烈，除了比发行量、版面、广告受众、广告服务之外，价格也成为媒体竞争的利器。说它是"利器"，是因为一味地进行价格竞争肯定会陷入"价格战"的恶性循环，其结果只能是两败俱伤；而适当的价格诱惑能够攫取更大的市场份额，各个媒体在经营中又不得不为之。通过活动推出活动套餐价，比正常广告有一定的优惠折扣，但又不会冲击整个价格体系，同时还能争取到更多的广告。

民宿活动营销形式	
（1）农事体验活动	（2）亲农耕项目体验
（3）原生态户外出行	（4）手工作坊活动
（5）挖掘周边旅游资源、景点环境等	（6）技能交换课堂
（7）企业团建承接	（8）游学研学基地

◎ 民宿活动营销形式

2. 活动营销的形式

民宿需要结合自身特质及在地化元素来制定活动策划，然后挑选 1~2 个项目作为民宿的固定活动，具体地点可以选在民宿的公共区域或生活场景空间中。活动必须与简易设施配合，以提高民宿本体特色。这些简易设施应定期增加或更换。除本体建筑场地以外，活动地点还可以延伸到民宿周边以及乡村区域，增强乡村整体活力。可以设置如下活动场景。

（1）农事体验活动。根据乡村农耕情况，让消费者通过采摘、耕种、收获等活动，让消费者感受在城市中体会不到的农村生活氛围，并可以间接提高在地人群的收入。

（2）亲农耕项目体验。可以与当地农民配合，租赁部分农业用地，出租给消费者，让消费者从播种开始就全身心投入进来，然后所耕种的作物归自己所有。

（3）原生态户外出行。探索民宿周边环境，寻找可开发的旅游路线，有组织地设计户外出行路线，对整村旅游资源进行有效开发。

（4）手工作坊活动。与当地手工业者沟通并合作，策划消费者手工体验活动，增强民宿对消费者的吸引力，并促进手工业者的收入。

（5）挖掘周边旅游资源、景点环境等。设立与民宿配套的游玩景区线路，结合户外出行配套，打造定制化旅游路线图。

（6）技能交换课堂。可不定期邀请手工大咖及创意设计达人，对入住的消费者进行技能经验分享，教消费者相应技能，以提升消费者对民宿的体验印象。

（7）企业团建承接。可以承接城市中各企业的团建活动，通过提供自由化发挥的场地空间，让企业人员在民宿环境中充分释放，互相加深了解，并促进感情，从而完成团建任务。

（8）游学研学基地。可适当承接学校、社会团体等举办的活动，针对游学体验、户外锻炼等活动定制不同类型的游学产品，多方面提升民宿的品牌影响力。

小结

民宿是个载体，需要更多场景功能展示，可以是在地化的、针对消费者的、具有体验意义的展示。

3. 活动营销的 6 个策略

1）细分市场，为平日消费开辟门路

针对不同人群的不同需求，挖掘不同的契合点，从而针对性地推送配套活动内容。通常节假日期间，不便对人群进行界定。而在非节假日期间，中小学生和白领有户外交流学习的需求，老年人和大学生也有团建的需求。

2）找准切入点，摆脱季节限制

对民宿而言，一年四季都可以大做文章。春季花草生长，夏季避暑小酌，秋季收获作物，冬季休闲娱乐。春秋两季是最好的旅游观光时节，可以设置更多户外出行活动。冬季则可发挥季节特性，打造"温泉、冰雪节、庙会、温室"等主题性活动，以增加消费者的出行热度和兴趣。

3）紧跟节假日，选定推陈出新频率

选定推陈出新频率，是保障民宿活动生命力的必要举措。活动幅度不一定大，但力度一定要够。推陈出新的概念其实非常广泛，大到新开主题区域，增设活动空间等，小到主题人物、空间活动等。

4）设置会员体系，推送会员内容

关于会员体系，民宿主都有自己的看法，所谓见仁见智。会员体系的作用在于维护忠诚用户。会员具有新品活动的优先参与权和体验权。会员体系的实质是让消费者发挥主人公意识，积极地参与民宿的日常建设，积极地提出意见等。

5）提升服务品质，打造服务品牌

淡季做品牌，单从营销方面着手是远远不够的。在一线员工及基层管理人员轮换充足的情况下，可以更多地开展企业培训，提高员工自身水准，以提升服务品质和运营能力。无论是淡季还是旺季，运营总体思路其实就是旺季做爆款，淡季挖亮点，通过整合实现资源的高效利用，从而实现品牌与利润的双创收。

6）利用跨界元素，多维度推广品牌

当今，跨界是很多优秀行业惯用的手段，好的跨界活动能够极大化地提升品牌影响力。一个民宿如果在本行业的知名度达到前 20%，属于小有成就，如果在其他行业中的知名度也能达到前 20%，就是成功。互联网时代，在分享经济主导的市场格局下，越来越多的产品、业态都在积极地进行跨界合作，民宿业态当然也可以寻求一种更好的模式，有效地传播民宿品牌。

小结

民宿持续的活动具有重要的意义。第一，能够很好地传承在地文化和人文风貌；第二，能够起到民宿业态的示范借鉴作用；第三，对民宿内部而言，持续地推陈出新能够留存人才，并让员工保有高涨的工作热情；第四，对消费者而言，能够提供很好的休闲体验活动，从而满足消费者入住民宿的需求。

五、好的体验，客户会为你发声

1. 如何提升用户体验度

仍然以OTA平台举例，在OTA平台上最重要的就是排名，排名高了，自然能被用户优先看到，好的排名与民宿信息在OTA平台上的优化紧密相连。而要提升用户在民宿的体验度，也需要对民宿服务进行持续的优化。以下是提升用户体验的五种方法。

1）注重卫生细节

房客最在意的是卫生的整洁程度。干净整洁的房子能给房客带来美好的居住体验。民宿应注意一些常见的小细节：定期用84消毒剂拖地，杜绝餐厅、厨房、卫生间的异味，定期深度清洁地毯，定期清洗沙发罩。为客人提供精致干净的住宿能为客人留下一个好的印象。

2）提供生活上的便利

为房主提供公交卡，方便房主出行。帮房主订票（演出票、景区票等），提供旅行攻略、线路规划等。

3）确保每件物品都有余量

准备充足的物品，比如额外的毛巾、浴巾、枕头、厕纸、餐巾纸、拖鞋、餐具等，以免客人入住期间不够用。准备足够的插排，方便客人给电子产品充电。

4）入住和退房时间灵活

灵活的退订政策有利于吸引房客。如果退订政策不太灵活，会让顾客下单有所顾虑，严重影响购物决策。例如，如果下午没有其他客人入住，可以允许房客延期退房，这样会让房客倍感高兴。

5）提供超出预期的体验，制造惊喜

超出预期的体验才叫用户体验。如果提供的产品和服务与其他平台一样，房客入住后只会觉得及格或良好，不会有深刻的印象，更谈不上口碑宣传。而用户体验其实是一种心理感觉，制造超出预期的体验的方法如下。

（1）重视第一印象，在客人入住时，为他们提供惊喜。夏季时，在顾客到来之前可以提前打开空调，或用心地准备好果盘，一碟水果成本不会太高，却会让房客非常开心。同时也可以根据情况给房客准备其他的小礼物。例如中秋节时为远道而来的房客准备几块月饼，这样也会让房客感受到家的氛围。

（2）准备一些品牌洗漱用品。按家用的标准在卫生间摆放一些品牌洗发水、沐浴露，比起那些劣质的、一次性袋装的产品，也会让房客产生一种熟悉的感觉。

（3）在体验中寻找更多客户需求，为不同的房客提供不同的服务。可以以房客的身份感受一下房子哪些方面可以做得更好。可以为商旅用户提供熨斗和烫衣板（或小型挂烫机）、手机充电器、数据线，为带宝宝的家庭提供婴儿车等。

（4）准备一些应急用品。时常准备一些日常用品：雨伞或一次性雨衣、药箱（内放酒精、创口贴、棉签、医用绷带等）。在外面游玩时难免会遇到磕碰或者鞋子磨脚的情况，准备一个贴心的应急医药箱，能给房客带来家的体验。针线盒、湿纸巾、牙线、电蚊拍、电蚊香也会让房客感受到房东的用心。有一些细心的房东会提供一次性橡皮筋、卫生巾、卸妆水（或卸妆油），这会让很多女性房客直呼完美！

（5）从客户的抱怨与投诉中寻找可提升的方向。在房客入住时，主动了解房客的入住体验，如果有不满意的地方，及时完善，并给予其他形式的补偿。在房客离店退房时，可以给房客塞两瓶水带到路上喝或准备一些当地特产，成本不高，却能让房客感受到无微不至的关怀。曾有房东给每个离店的客户准备一个大苹果，寓意"平平安安"，令房客十分感动。

小结

做好用户体验就是最好的营销方式，通过消费者自发地传播和宣传，得到的不仅是口碑，更是认可。

2. 如何引导顾客二次消费

为了引导顾客二次消费，首先需要弄清楚卖给顾客的产品是什么，是房间还是特色？某位民宿主曾说："卖得最好的是故事。"民宿主可以将自己的故事或地方的故事以交朋友的心情分享给来玩的旅客。旅客对此感兴趣的话会再次光临民宿。近年来国人花费成本最多的部分在于旅游，住宿也是旅游重要的一环，通常也是旅行中最大部分的支出。

如何用较低的成本把房间装潢得更华丽？其实只要转变心态，就能创造出独特的风格。所有的民宿都是同样地提供床、房间，只要比别人多一份心意，即使不花大钱布置也能"抓紧"顾客的心。不妨试着包装"快乐"，让所有前来住宿的顾客都能感受到一份心意，带着满满的愉悦和感动回家，并且将感动分享给周遭的亲友们，进而吸引他们或他们的亲友再次光临。

1）阅读顾客——旅行故事的力量

了解顾客入住的原因、旅游的原因等信息可以为顾客提供更合适的服务，同时也能创造民宿主和客人之间的故事。一个好的故事平均可以影响顾客的 6 位亲友，6 位亲友又会分别影响他们各自的 6 位亲友，口碑就是这样借由一个一个的旅行故事产生的。

© 粗衣食吾

2）天使的声音——扭转负面印象的关键

服务业难免会遇到恼人的客诉问题，遇到客诉问题时通常应怎么处理呢？只要能将顾客的怨气转为进步的建议，就能以更好的心态服务，从而带给顾客更好的住房感受。因此，当遇到客诉问题时不妨试试将"抱怨"转为"天使的声音"，具体方法如下所示。

（1）第一时间打电话了解事发经过，并了解客诉的原因。

（2）道歉并且提出解决方案。

（3）不妨招待旅客再次入住，面对面扭转顾客的负面印象。

把握每个接触的时刻，创造感动的瞬间。在每一次的住房体验中，每位顾客都会与民宿主接触并且产生回忆，留下美好的印象和感受。顾客入住民宿可分为以下几个阶段：在线订房，迎接与入住登记，引导客人放行李与介绍房间、下午茶时间、环境介绍、晚餐时间、休息时间、早餐时间，退房与欢送。民宿主或民宿从业人员在与顾客接触的时候可以利用不一样的巧思，为顾客创造更多美好的感受。例如，除了提供 24 小时在线订房之外，还可以主动询问顾客是否需要其他服务或了解其旅行的原因，等顾客入住之后可以安排贴心的额外礼物或房间布置。

近年来，每到冬天，商家纷纷举办冰淇淋产品打折活动，甚至推出冬季限定口味冰激凌，让冬季反而变成吃冰的季节。同样，淡季时举办优惠活动并进行大力宣传更能吸引想要较高性价比住宿的顾客，为旅游淡季增添人气。

3）延伸外围——纪念品/伴手礼

许多顾客会将印制有专属风景的明信片寄给亲友或留给自己，让旅行的回忆永远保存、散播。外出旅行时在旅行包不够装的情况下，环保袋可以立即派上用场，回家之后还可以重复使用并且起到很好的宣传效果。因此，印有 logo 的环保袋一定要设计得美观，才能让人有重复使用的想法。另外，也可以结合在地特产或主人的特长直接售卖伴手礼。例如，特制的腌梅子、特殊的手工制品等，稍微包装一下便可以增加产品的附加价值，这也是增加收入的好方式。

小结

民宿主的每一处用心，消费者都能感受到，这是信任的开始，也是让消费者成为忠诚用户的必然阶段。

3. 建立好口碑，吸引更多流量

民宿业界都说，一流的民宿卖的是空间，就是很好的环境和氛围；二流的民宿卖的是时间，实际上就是主人与客人的互动过程；三流的民宿卖的是房间，这是最基本的部分。如何让民宿拥有好口碑？这是大多数民宿主苦苦思索的问题。独特的景观、优质的设备、特色的餐饮、热心的房东、贴心的服务都可以赢得很多口碑。

很多民宿都有自己的风格特点，不仅仅是最近比较流行的田园风、地中海风。如果到哪都是地中海风格，也就不会让人记忆犹新了。更能让人印象深刻的是地方特色、民俗体验。手工艺人不妨让民宿兼具艺人作坊的特性，融入更多趣味，或者将某种情怀融入设计装饰中，传递一种文化，以此升华旅行体验，赢得口碑传播。

除了民宿本身，思路清晰的运营策略及运营方案都有益于口碑建设。口碑建设可参考以下五个方面。

◎ 粗衣食吾

1）先让你的员工满意

一线员工和客户接触最多，也最了解客户的需求。他们的服务态度、服务知识、服务技能会直接影响客户的满意度。因此，要想让客户满意，产生良好的口碑，就要先让员工满意、充满幸福感。

海底捞就是一个极致的案例。公司有再好的产品，再好的规章制度，员工层面不执行，对顾客来讲都是零。所以，一定要加强员工的培训。除了员工的服务态度，服务技能也是重要的一方面。东京迪士尼每年给所有员工培训全球最先进的相机的使用技巧，每出一款相机，都会及时组织相关人员进行培训，目的就是帮助顾客拍出满意的照片。

2）抓住传播领袖

在社会化媒体时代，如果一个社交媒体拥有巨大粉丝量，那么它就有着巨大的影响力。一个段子说得非常形象："如果你有3万粉丝，你就是一本杂志；如果你有10万粉丝，你就是一份都市报；如果你有100万粉丝，你就是一份全国报纸；如果你有1000万粉丝，你就是'CCTV'。"

所以，民宿业态要充分利用本地名人和全国名人资源，让其在个人社交媒体上发声。尤其是旅游达人、娱乐明星之类的意见领袖，可以邀请他们前来休闲度假，并让其在微博、微信上分享一些照片或感受，如此简单的动作，如果加以包装推广，可以省掉上百万的代言费。

如果条件允许，还可以请一些旅游达人和本地"大V"们前来体验并提一些建议增加他们的参与感。当他们的建意被采纳实施的时候，他们应该会积极主动地为民宿做推广。

3）营造拍照场景

以前，游客遇到喜欢的地方，都喜欢刻上"某某某到此一游"；如今，他们会在朋友圈发布照片，分享自己的生活。餐饮界互联网大咖黄太吉就善于使用这种方法。创始人郝畅会故意在门口摆放可爱的道具玩偶，以供顾客合影拍照，顾客发到微博、微信上的照片，都会带有黄太吉的店名，这种营销手法可谓事半功倍。

同样，很多游客到一个景区喜欢拍照，但很多农庄或者乡村旅游项目对此缺乏包装。试想如果在农庄的大门口刻意设计一个拍照的地方，那么游客拍照的时候就能把农庄的信息有意无意地拍上去。还可以设计一个独特的象征性装饰，让顾客能产生一种形象识别记忆。在民宿内部及周边的一些有着独特标识的地方，都应特意设置拍照的背景，甚至可以安排两三个员工在旁边帮忙拍照。

4）超出客户预期

只有超出客户预期，给予客户惊喜和感动，客户才会愿意主动分享。海底捞的服务广为传播的原因在于他们为客户提供了诸多意想不到的惊喜。农庄和乡村旅游能不能也设计一些这样的片段呢？

目前，打造完美的民宿可能不太现实，但是从一两个方面打造极致体验，则会换来顾客分享的意愿。与此同时，超预期的打造还有一个前提，就是降低顾客来之前的预期。从以下两个方面可以做到这一点，一方面是要求民宿主不要夸大宣传，运用处理过度的照片；另一方面，可以在宣传的时候，刻意保留一两个细节，等待客户去主动发现。

5）关注网络口碑

好的口碑容易传播，不好的口碑传播力度更大。所以，一定要有专人负责留意社交媒体上的声音。在传统认知里，一个不好的口碑将会影响几十个顾客，但在网络时代，一个"大V"的负面评价会导致一个项目的破产。在极为重视个人维权和诉求的今天，应重视网络舆情。

小结

口碑是民宿的无形资产，其重要度甚至高于所有的营销手段。做好口碑就是要做好消费者的服务和体验。服务的要点是在每一处细节都体现出用心，体验的重点是满足消费者对民宿的期望和需求。

06
会员体系

第六章
会员：围绕忠诚用户，发挥天使用户的作用

一、做好服务体验，就是提升口碑

一切美好的事物都是不断变化的，变是唯一的不变，变也是不变的哲学。建国之初，万象更新，百废待兴。那时候的主要任务是大力发展生产力，用实践检验真理，用产量检验理论。人们能够吃饱穿暖就是幸福的事情。改革开放以来，国家以经济建设为纲，大力解放和发展市场经济。人们的生活水平逐步提升，而后，人们对幸福的定义也产生了变化，人们开始追求精神方面的享受，祈望更高层次的追求。

随着从物质到精神的需求迭代，人们经历了产品主导型市场、用户主导型市场，也正在经历体验主导型市场。随着人们精神追求的提高，人们不再满足于物质生活的保障，而更加注重精神愉悦和亲身体验。传统的酒店行业、旅游行业已不能够满足广大消费群体的需求，而民宿恰好能够迎合广大消费群体的喜好，因而在近几年持续受到关注和追捧。可以说，民宿是这个时代造就的。

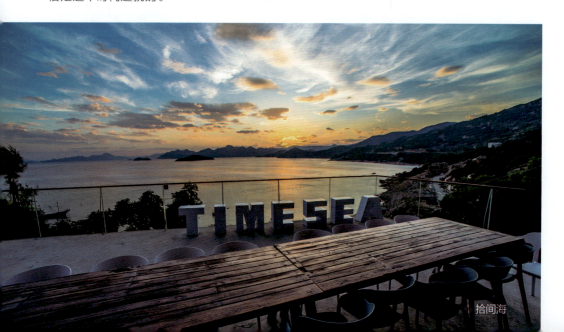

拾间海

小结

民宿本质上仍旧属于服务业的范畴，因此一定要注重服务的重要性。

1. 从倾听到行动，与消费者交心

民宿是有灵魂的，它不同于传统意义上的农家乐。民宿具有极高的调性和品位，它所吸引的消费者，也是具有足够购买力和极高精神需求的。要知道消费者放弃入住星级酒店的机会，而选择来体验民宿，要的就是这份与众不同，无论是各项非标准化的服务环节，还是多场景的体验，消费者都会用极具挑剔的眼光和批判的心态来面对。因此作为民宿主或运营者，都需要打起十二分的精神来应对。

所谓非标，一定是在相应标准化的范围内的"非标"。民宿首先要给人以亲切感，通过温度感的营造，让消费者放松；通过诚挚的笑脸，让消费者得到慰藉；通过细微周到的服务，让消费者得到尊重。而作为民宿主及运营者，首要必须要学会倾听。不管到来的消费者具有什么样的属性，是何种类型，他们都是有诉求的，通过倾听挖掘他们的诉求，是让他们满意的开始，也是非标民宿体验服务的第一步。

民宿提供的绝不仅仅是一个住宿休息的空间，它的其中一个属性就是社交，而人类作为群居动物，是需要交流的。都市人厌倦的只是城市的生活节奏和作息习惯，但绝不是厌倦交流。读者应该也有这样的体验，在紧张的工作结束后，都希望能够和亲朋密友休闲一下，可能驱车自驾去往郊区放松心情，也可能选择一处静谧之所，享受亲朋相聚的美好时刻。交流作为人类生活的主旋律，在民宿中必须有所体现。从消费者造访开始，就应该时刻准备着。不少民宿主习惯亲自打理民宿，客人来了，不慌不忙沏茶小坐，先通过简单的寒暄，了解客人的社会属性，然后谈天说地，既可以娓娓道来做民宿的初心，也可以倾听客人的生活日常。

据统计，多数民宿的回头客都是通过这样的方式积攒下来的，而多数消费者对此类民宿的评价惊人的相似：交心。诚然，随着生活水平的提高，人们的物质需求得到了满足，便开始追求精神层面的东西。再者，老一辈人大多源于乡村，有一种天然的乡村生活情结，而城市的快节奏生活，使得邻居之间不相识，周围人群难交心。这不仅是时下人们所面临的问题，也是多数人开始热衷于乡村的缘由。

2016 年中国在线短租行业出行目的
考试
求职
商务出差
就医
旅游
访友
聚会

2. 将服务态度灌输在日常营运中

一件事，做得好与不好，完全取决于态度。而态度是否认真，是易于被人察觉的。每个正常营业的民宿之间都存在竞争，而衡量民宿好坏的标准之一，就是服务态度的认真程度。民宿是让消费者消磨时间的地方，而且消磨的是大段的时间。谁能够持续如一地保有热情积极的服务态度，谁就可以从民宿竞争中脱颖而出。

在如今消费选择和消费内容过于丰富的时代，做一个大段时间的消费决策越来越难，所以消费者更看重选择后的时间性价比，这也就成了消费行为的第一动因。消费者在选择民宿体验的时候，首先考虑的一定是细节处理和服务态度，这是当今以体验为主导的市场所重视的环节之一。消费者的消费意识里是存在享受模式的，没有人愿意花钱买罪受，多数人会因为体贴周到的服务态度而买单。

服务业属于勤快行业，必须做到眼勤、意勤、手勤，这是做好服务业的基本准则。民宿属于服务业的范畴，它是直接服务于人的，而消费者的主观感受也源于对服务环节体验的好坏。民宿与酒店是有差别的，酒店属于标准的范畴，能够做到各环节都有专人负责，都有专人服务，而民宿属于非标准化范畴，无法按照各环节匹配到相应的人，因此，民宿运营者要充分调动员工的积极性，培养思维敏捷、动作麻利的服务素质。

良好的服务态度不仅体现在做事上，还体现在换位思考上。民宿从业者应学会挖掘消费者心理需求，在消费者尚未开口之前就提供相应的产品及服务。要知道，作为服务业态，当客人提出要求的时候，内心就已经是不满意的了。因此，当消费者提出任何要求的时候，民宿人内心都要绷紧一根弦。民宿主需要将酒店已有的标准化的东西挪过来应用，也需要按照自己的调性营造出更具有人情味、更具有温度感的家的概念，这才能满足消费者的内心需要。

3. 制定服务标准，贯彻监督执行

市面上不乏上乘的民宿，选址没有问题，设计没有问题，营销体系没有问题，可是当第一批客人入住后，复购率却很低，回头客比重严重不足。配备的人员设置也基本满足民宿的日常运营，但就是留不住客人，来一次就不会再来第二次。其实，这可能是因为本身的服务体系没有做到位，让客户体验不好，甚至伤了客人的心。再者，工作人员辛苦工作，任劳任怨，却得不到应有的奖赏和鼓励，在工作上慢慢的便会有所懈怠。

不可否认，优秀的民宿从业者能够将服务水平做到极致，但此类民宿终究是少数。每个民宿都需要一套完备的服务标准体系来衡量、考核、制约从业者的服务行为及意识。人的主观能动性决定了服务的最高水平，但服务标准体系决定了民宿服务的最低标准要求。其重要性可见一斑，尤其对于用人需求较多的民宿业态来讲，标准化的服务体系可以将内部人员的行为、意识、言语等标准化和流程化，这更便于考核和管理，也更能迎合消费者的体验需求。

民宿服务标准制定可参考的文献
《旅游民宿基本要求与评价》
《旅游经营者处理投诉规范》
《文化主题旅游饭店基本要求与评价》
《精品旅游饭店》

◎ 民宿服务标准制定可参考的文献

◎ 拾间海

LB/T 065 — 2017

旅游民宿基本要求与评价

1 范围

本标准规定了旅游民宿的定义、评价原则、基本要求、管理规范和等级划分条件。
本标准适用于正式营业的小型旅游住宿设施，包括但不限于客栈、庄园、宅院、驿站、山庄等。

2 规范性引用文件

下列文件对于本文件的应用是必不可少的。凡是注日期的引用文件，仅注日期的版本适用于本文件。凡是不注日期的引用文件，其最新版本（包括所有的修改单）适用于本文件。
　　GB 2894 安全标志及其使用导则
　　GB 5749 生活饮用水卫生标准
　　GB 8978 污水综合排放标准
　　GB 9663 旅店业卫生标准
　　GB 14881 食品安全国家标准 食品生产通用卫生规范
　　GB 14934 食（饮）具消毒卫生标准
　　GB 16153 饭馆（餐厅）卫生标准
　　GB 18483 饮食业油烟排放标准（试行）
　　GB/T 17217 城市公共厕所卫生标准
　　GB/T 19095 生活垃圾分类标志
　　GB/T 22800 星级旅游饭店用纺织品
　　JGJ 125 危险房屋鉴定标准
　　CJJ/T 102 城市生活垃圾分类及其评价标准

3 术语和定义

3.1 旅游民宿 homestay inn
利用当地闲置资源，民宿主人参与接待，为游客提供体验当地自然、文化与生产生活方式的小型住宿设施。
注：根据所处地域的不同可分为城镇民宿和乡村民宿。
3.2 民宿主 owner and/or investor
民宿业主或经营管理者。

4 评价原则

4.1 传递生活美学
4.1.1 民宿主人热爱生活，乐于分享。
4.1.2 通过建筑和装饰为宾客营造生活美学空间。
4.1.3 通过服务和活动让宾客感受到中华民族传统待客之道。
4.2 追求产品创新
4.2.1 产品设计追求创新，形成特色，满足特定市场需求。

4.2.2 产品运营运用新技术、新渠道，形成良性发展。
4.3 弘扬地方文化
4.3.1 设计运营因地制宜，传承保护地域文化。
4.3.2 宣传推广形式多样，传播优秀地方文化。
4.4 引导绿色环保
4.4.1 建设运营坚持绿色设计、清洁生产。
4.4.2 宣传营销倡导绿色消费。
4.5 实现共生共赢
4.5.1 民宿主人和当地居民形成良好的邻里关系。
4.5.2 经营活动促进地方经济、社会、文化的发展。

5 基本要求

5.1 旅游民宿经营场地应符合本辖区内的土地利用总体规划、城乡建设规划、所在地旅游民宿发展有关规划，无地质灾害和其他影响公共安全的隐患。

5.2 经营的建筑物应通过 JGJ 125 房屋安全性鉴定。

5.3 经营场地应征得当地政府及相关部门的同意。

5.4 经营应依法取得当地政府要求的相关证照，满足公安机关治安消防相关要求。

5.5 生活用水（包括自备水源和二次供水）应符合 GB 5749 要求。

5.6 食品来源、加工、销售应符合 GB 14881 要求。

5.7 卫生条件应符合 GB 16153、GB 14934、GB 9663、GB/T 17217 要求。

5.8 旅游民宿建设、运营应因地制宜，采取节能环保措施，废弃物排放符合 GB 8978、GB 18483、CJJ/T 102 要求。

5.9 开业以来或近三年未发生重大以上的安全责任事故。

5.10 从业人员应经过卫生培训和健康检查，持证上岗。

5.11 服务项目应通过适当方式以文字、图形方式公示，并标明营业时间。收费项目应明码标价，诚信经营。

5.12 经营者应定期向旅游主管部门报送统计调查资料，及时向相关部门上报突发事件等信息。

6 安全管理

6.1 应建立健全各类相关安全管理制度，落实安全责任。对从业人员进行定期培训。

6.2 易发生危险的区域和设施应设置安全警示标志，安全标志应符合 GB 2894 要求；易燃、易爆物品的储存和管理应采取必要的防护措施，符合相关法规。

6.3 应配备必要的安全设施，确保宾客和从业人员人身和财产安全。

6.4 应有突发事件应急预案，并定期演练。

6.5 应自觉遵守当地习俗。

7 环境和设施

7.1 环境应保持整洁,绿植养护得当。

7.2 主体建筑应与环境协调美观,景观有地域特色。

7.3 单幢建筑客房数量应不超过 14 间(套)。

7.4 建筑和装修宜体现地方特色与文化。

7.5 主、客区宜相对独立,功能划分合理,空间效果良好。

7.6 应提供整洁卫生、安全舒适的住宿设施。

7.7 宜提供整洁卫生、安全舒适的餐饮设施。

7.8 宜提供宾客休闲、交流的公共区域,布局合理;

7.9 设施设备完好有效,应定期检查并有维保记录。

7.10 应有适应所在地区气候的采暖、制冷设备,各区域通风良好。

7.11 公共卫生间应位置合理,方便使用。

7.12 应配备必要的消毒设施设备。

7.13 应配备应急照明设备或用品。

7.14 宜提供无线网络,方便使用。

8 卫生和服务

8.1 旅游民宿应整洁卫生,空气清新,无潮霉、无异味。

8.2 客房床单、被套、枕套、毛巾等应做到每客必换,并能应宾客要求提供相应服务。公用物品应一客一消毒。

8.3 客房卫生间应有防潮通风措施,每天全面清理一次,无异味、无积水、无污渍,公用物品应一客一消毒。

8.4 应有防鼠、防虫措施。

8.5 民宿主人应参与接待,邻里关系融洽。

8.6 接待人员应热情好客,穿着整齐清洁,礼仪礼节得当。

8.7 接待人员应熟悉当地旅游资源,可用普通话提供服务。

8.8 接待人员应熟悉当地特产,可为宾客做推荐。

8.9 接待人员应掌握相应的业务知识和服务技能,并熟练应用。

8.10 晚间应有值班人员或电话。

8.11 接待人员应遵守承诺,保护隐私,尊重宾客的宗教信仰与风俗习惯,保护宾客的合法权益。

9 等级

旅游民宿分为两个等级,金宿级、银宿级。金宿级为高等级,银宿级为普通等级。等级越高表示接待设施与服务品质越高。

10 等级划分条件

10.1 金宿级

10.1.1 环境与建筑

10.1.1.1 周围应有优质的自然生态环境，或有多处体验方便、特色鲜明的地方风物。

10.1.1.2 建筑和装修宜特色鲜明，风格突出、内外协调。

10.1.1.3 宜在附近设置交通工具停放场地，方便抵达。不影响周边居民生活。

10.1.2 设施和服务

10.1.2.1 客房装饰应专业设计，体现当地特色，符合基本服务要求，整体效果好。

10.1.2.2 客房宜使用高品质床垫、布草、毛巾和客用品，布草应符合 GB/T 22800 标准规定，可提供两种以上规格枕头，整体感觉舒适。

10.1.2.3 客房宜有较好的照明、遮光效果和隔音措施。电源插座等配套设施应位置合理，方便使用。

10.1.2.4 客房卫生间宜装修高档，干湿分离，有防滑防溅措施，24h 供应冷热水。

10.1.2.5 公共空间宜专业设计，风格协调，整体效果良好。

10.1.2.6 民宿主人应提供自然、温馨的服务，能给宾客留下深刻印象。

10.1.2.7 宜组织多种宾客乐于参与的活动。

10.1.2.8 宜提供早餐服务。

10.1.2.9 宜提供特色餐饮服务。

10.1.2.10 宜设置导引标识或提供接送服务，方便宾客抵离。

10.1.2.11 宜建立相关规章制度，定期开展员工培训。

10.1.2.12 宜建立水电气管理制度，有设施设备维保记录。

10.1.2.13 宜开展和建立消防演习和安全巡查制度，有记录。

10.1.3 特色和其他

10.1.3.1 设计、运营和服务宜体现地方特色和文化。

10.1.3.2 应有宾客评价较高的特色产品或服务。

10.1.3.3 应有较高的市场认可度。

10.1.3.4 宜积极参与当地政府和社区组织的集体活动。

10.1.3.5 宜提供线上预定、支付服务，利用互联网技术宣传、营销。

10.1.3.6 经营活动应有助于地方经济、社会、文化的发展。

10.1.3.7 宜注重品牌建设，并注册推广。

10.2 银宿级

10.2.1 环境与建筑

10.2.1.1 周围应有较好的自然生态环境，或有多处方便体验的地方风物。

10.2.1.2 建筑和装修宜内外协调、工艺良好。

10.2.1.3 宜设置交通工具停放场地，且不影响周边居民生活。

10.2.2 设施与服务

10.2.2.1 客房装饰应体现当地文化，整体效果较好。

10.2.2.2 客房宜提供较为舒适的床垫、布草、毛巾和客用品，布草应符合 GB/T 22800 标准规定，可提供两种以上规格枕头。

10.2.2.3 客房宜有窗帘和隔音措施，照明效果较好，电源插座等配套设施宜位置合理，方便使用。

10.2.2.4 客房卫生间应有淋浴设施，并有防滑、防溅措施，宜使用品牌卫浴。

10.2.2.5 民宿主人应提供自然、温馨的服务。

10.2.2.6 宜组织宾客乐于参与的活动。

10.2.2.7 宜提供早餐和特色餐饮服务，或附近有餐饮点。

10.2.3 特色与其他

10.2.3.1 可为宾客合理需求提供相应服务。

10.2.3.2 宜利用互联网技术宣传、营销。

服务标准体系，不仅仅是规范民宿从业者日常行为的基准，也是提高用户体验度的标准规范。民宿行业的服务标准可以从不同方面进行细化，一是服务流程方面，给客户提供满足其需求的各个有序服务步骤，建立服务流程的标准化；二是具体服务方面，即民宿从业人员所展现出来的仪表仪容、言谈举止、行为动作等的标准化。民宿行业服务的标准化，其重要性可以分为以下三点进行阐述。

（1）通过服务标准的制定，明确从业者的工作目标与前进动力，用服务标准指导民宿从业者行为和方式，以便更好地服务于民宿的消费者。

（2）向消费者传递民宿的标准化态度，清晰、简洁、直观、有效的服务标准，能够让消费者体验到民宿主对服务品质和产品体验的高标准、严要求，并且消费者会自发地遵守民宿主制定的服务标准。

（3）民宿的服务标准能够衡量从业者的服务水平，可以作为从业者绩效评估的标准和基础，同时通过消费者反馈，逐步地提升和改进体系的不足，以优化民宿经营，扩大品牌传播。

民宿与酒店是存在差异化区别的，酒店的标准化流程虽然完备，但并不完全适用于民宿业态。民宿行业的服务标准建议简明扼要，删繁就简，易于操作。服务体系的制定应当符合五个原则：明确性，即可量化、可执行；可衡量性，即可以用定量考核；可行性，即不间断地持续执行；及时性，即应当有明确的时间限制；吻合性，即服务标准应当与民宿理念吻合，与客户需求吻合。

 小结

民宿服务标准要做到"知行合一"，用意识和标准指导从业人员的行为举止。

4. 用服务体验将消费者带入场景当中

民宿这类产品本身就是乡村美学和生活美学的一个结合点。如何通过营造氛围和气场，让消费者不由得进入场景之中呢？很多人会觉得这是营销人员应该思考的问题。其实，精心的氛围营造和气场渲染，也是服务环节中的重要组成部分，它体现了民宿对消费者的用心程度。一个好的民宿产品，必然需要通过营销手段将其推广出去，而用户体验同样是重要的营销方式，但也是需要周到细微的服务才能做好的营销方式。

服务体验的第一步，是出自内心真诚的笑脸。民宿的消费归根结底是在地文化的体验。在一个陌生的环境，见到素未谋面的人，心里大多是紧张的、设有防线的，也就不会是完全自然放松的心态。消费者所接触的人能够传递一种友好的态度，或多或少能够让其放松戒备。而发自内心的诚挚的笑脸，就是最好的态度的传递。这不同于酒店行业要求的标准的笑脸，而是一种完全自然的、放松的笑脸，这样才能给消费者呈现出一种真挚的、热忱的、欢迎的心态。

◎ 拾间海

　　服务体验的第二步，准备具有温暖感的小礼品。炎炎烈日送上的一杯冰水，淅沥细雨准备好的雨伞，冬日尚未入住已经开好的暖气……这些都是民宿中最基本的物件，却能够让消费者有一种受到重视的体验，第一感觉是满意的。从消费心理学的角度来讲，能否打动消费者，第一步很重要。第一步迈出去了，剩下的就都变得容易了。不失时机地为消费者送上精心准备的小礼品，会让消费者忘掉行程上遇到的不愉快，并对此次民宿体验充满期待。

　　服务体验的第三步，是让消费者有角色代入感。民宿本身是个载体，可以赋予它更多的场景属性，给予消费者更多的体验。通常复购率高的民宿满足消费者的绝不仅仅是吃、喝、住、娱的需求，它一定提供了消费者所需要的生活场景。用心的民宿主一定是个好的创作家，会赋予民宿不同的空间含义，推送给有需求的消费者，让消费者天马行空地扮演各种角色。民宿主也会假装漫不经心却别有用心地设置一些标识物，让消费者睹物而思，回忆曾经经历过的事、在意的人以及那些逝去的流光岁月。民宿主设置的空间场景或标识物，让消费者留恋的时间越长，产生的思考空间越大，打动他们的几率就越高。

 小结

　　民宿服务体系要做到"倾听、解决、引导"三个阶段的升级。深层次的服务其实就是引导消费意识和行为，展示更多民宿应有的特点和魅力，让消费者在适当的场所地点消耗体验时间，从而提升消费者对民宿服务的良性体验及服务认同。

二、搭建会员体系，凝聚种子用户

1. 如何打造天使用户

民宿经营从根本上来讲是一门生意，是与众不同的、带有情怀的生意。从商业的角度来讲，情怀能够作为一种属性标志，吸引同频的人关注并参与进来。而这些参与进来的人，可能会因为投资而成为共建人，可能会因为传播而成为准用户，可能会因为持续地关注而成为爱好者。作为民宿主，一定要把情怀和商业的过渡把控好，满足消费者情怀的同时，也要照顾到民宿的盈收和产品是否足够优秀，这是对共建人负责。而大多被吸引而来的消费者，他们会因为与民宿有相同的属性和气质而持续购买，甚至积极传播，这些人（包括共建人）都是天使用户。

对于天使用户的维护和经营，需要民宿主付出更多的真诚和努力。因为天使用户的第一属性是消费者，他们能够发现民宿存在的问题，哪些需求尚未被满足，哪些地方让他们感到反感。民宿主需要对天使用户的职业信息、年龄、婚育情况、技能特长等做一个详细的调查，并整理成数据，通过挖掘他们的喜好而推送符合他们的产品和服务。同时，符合他们属性和标签的产品，一定是他们愿意甚至会主动传播的产品。

◎ 拾间海

初始用户	好奇
种子用户	使用
天使用户	协助
初期伙伴	并肩

◎ 民宿共建人画像

类型	诉求	传递	维护方式	目标
初始用户	尝鲜体验	新鲜与不同之处	微博、贴吧、自建BBS	持续发酵口碑和影响力
种子用户	实际效果	解决问题的具体方式	微信群、QQ群	关键问题
天使用户	共同成长	初心与价值观	小群或私人关系	与团队深度协作

◎ 民宿共建人画像

民宿可以策划更多让天使用户参与进来的方式，让他们成为民宿的话事人，共同参与到民宿的持续运营和改建中去。民宿还可以无私地提供场地给天使用户，让他们招待自己的客人及朋友。为了发挥天使用户的主观能动性，一定要和天使用户建立紧密的联系和共同的理念，只有充分地了解天使用户，才有可能共享他们背后的资源和人脉。

民宿主可以通过举办沙龙的形式，把天使用户聚集在一起，从而表达自己开民宿的心声，以及未来的愿景等，来得到他们的看法和意见；也可以简单地写一封信，从情怀到现实把民宿的理念传递出去。对天使用户的维护应该是持续的。当推出新的产品的时候，可以让天使用户先来尝试体验，从而让他们产生一种被重视的感觉，同时这样的试错成本也是最低的。当新的产品推送出来后，就要开始筹备接下来的产品，只有源源不断，才会持续地引起天使用户的兴趣与关注。

民宿需要跟每一位天使用户做朋友，成为最好的合作伙伴，给予彼此信任，然后利用他们的资源和人脉，成为共建人，从而建立起联系。如果一个民宿主拥有 100 个天使用户，按照互联网的逻辑，每一个人会直接辐射 50 个人，那么一个民宿主就有 5000 个潜在用户。把天使用户维护好，则无形中便多了更多的口碑宣传途径。

小结

参与既是最好的营销，也能让更多志同道合的人进来，以"势"取胜。

2. 会员体系营建需要考虑的因素

会员体系的关键在于持续，也就是说让消费者产生持续的民宿消费，考验的不仅是民宿产品和服务的内容，也考验着民宿会员体系是否能够满足天使用户的需求，是否具有吸引力。物超所值能够让用户觉得民宿的服务、产品以及内容很重要。因为当今的消费者，不仅仅是为了购买而消费，更多的是为了体验和感受而消费。会员体系需要预先考虑以下两点因素。

1）会员体系能否满足消费者的需求，能够给消费者带来什么价值

在过去几年中，各行业都在制定符合自身情况的会员体系，都喜欢用会员体系来促进消费、维护关系，不过，随着市场竞争加剧，会员体系同质化严重，效果也自然而然降低了不少。很多产品都没有根据自己的实际效果去搭建会员体系，照搬照抄，甚至套用已有的会员体系，

并没有真正地从消费者的角度去深究到底什么是消费者需要的会员体系,又该如何制定对消费者有价值的会员体系。

◎ 拾间海

现在的消费结构正在逐步升华,已从"物质消费"上升到"体验消费"。消费者更加重视品质和体验,追求简约、闲适、自然的生活情境。民宿恰好是这一类产品,所以近几年备受青睐。虽然大多数民宿能够在产品本身和情感需求方面提供价值,但是仍然不够持续。消费者需要的不仅仅是入住时所能得到的精神的愉悦、灵魂的放松,也需要在后续的生活中仍能够得到持续的关注和关怀,这是会员体系中需要体现的第一点。在消费者离开以后,才是会员体系真正发挥作用的时候。

乡村民宿的消费者大多为城市人,高强度的工作压力,紧张的生活节奏等,都无时无刻不在蚕食消费者的精力与时间。民宿需要为此类消费者提供更精准的需求服务,并制定专属的产品体系。会员体系存在的意义即回归人的本性,关注消费者的生活动态,激发其内心对自然和乡村生活的向往。

2)在满足消费者需求的基础上,会员体系能够给民宿带来多大价值

会员体系首先是惠及他人的,惠及他人的同时反馈自身。高品质的会员体系能够树立强大的民宿品牌形象。在不远的未来,以口碑营销为主导的市场中,会员体系显得尤为重要,这也是民宿业态重要的竞争工具之一。会员体系能够极强地维护固有的消费群体,同时又能吸引更多新鲜的消费血液。

良好的会员体系,是民宿与消费者互信的基础。民宿通过持续的会员政策,既可以提升消费者的忠诚度,增加复购率,也可以逐渐增加消费者对民宿品牌的认可。而认可与信任是口碑营销传播的基础,没有人会为不确定的品牌进行推广,相反,多数人会把自己认可信赖

的品牌推荐给身边更多的人。

盈利的民宿一定是在持续的调整中不断完善的，优良的会员体系同样如此。无论是对会员的分类、体系管理、数据维护等，都具有可标准化的部分，同时也有可不断改进的部分。通过对会员反馈的认真处理，不断地调整会员体系，能够帮助民宿改善管理运营方式，为消费者提供更优质的服务。

会员体系同时是一种强大的营销手段，民宿主可以将会员体系体现在自有的媒体渠道中，以摆脱第三方对客源的控制，以及中间提点费用等，从而将消费者资源牢牢地掌握在自己手中。

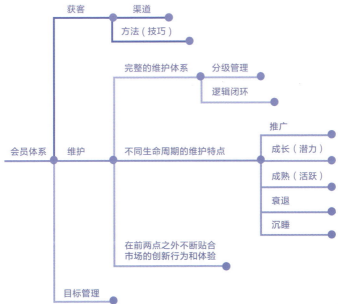

◎ 民宿会员体系图

◎ 外水良驿境

3. 不间断地持续优化会员体系

开篇提到了"变是唯一的不变"的概念，即一切的事物都是不断变化的，民宿业态只有持续地不断优化自身的产品及服务，并持续地挖掘和了解消费者的需求和想法，才能够持续地将民宿做下去。只有不断地更新迭代，不断地满足新的用户需求，不断地活跃在社交舆论中，民宿才可以持续经营，才能更好地生存。而在这个过程中，作为民宿的主人，必须想清楚自己对民宿产品寄予的希望是什么，自身的需求如何，只有让自己满意的产品才能够让同频的消费者体验。

忠诚度不高的消费者容易见异思迁，被新的事物和模式所吸引。而民宿制定会员体系的初衷就是笼络消费人群，让他们持续地购买和体验，因此，需要持续地对消费者进行研究，了解他们持续变化的消费需求，并顺应他们持续变化的消费行为。只有做足充分的研究调查，才能够优化出更好的会员体系，用以迎合消费人群，从而对民宿产生持续的关注和兴趣。

◎ 外水良驿境

如果一味地迎合消费者，民宿可能会失去自我。所以民宿在迎合消费者而调整会员体系的同时，也要审视自身的产品属性，检查会员体系是否仍旧符合产品定位，是否仍旧遵循既有的产品目标。在服务他人的同时，首先要服务自己。众多的民宿品牌之所以能够迅速扩张，首先是因为它们不断地让消费者知道其产品属性和定位，其次才是适当地迎合消费者的需求和行为。

民宿与酒店不同，酒店是纯粹服务于消费者的，其标准流程及会员体系都是以消费者为主导。而民宿不同，民宿是在地文化和主人公文化为载体，更多的是体现艺术气质。所以，民宿的会员体系所体现的应当是对产品和场景的不断优化，从而让消费者持续地产生关注。

◎ 外水良驿境

小结

民宿受关注的热度及消费者的注意力会持续降低,需要不断地优化内容持续引起消费者的兴趣。

4. 搭建会员管理数据,了解会员动态

会员管理是会员营销的具体实施过程,具体包括会员库建立,会员数据分析、挖掘、分类,以及实时更新等服务。

一组来自麦肯锡的数据报告表明:顾客的忠诚度不仅可以带来高额利润,还可以降低营销成本;保持一个消费者的营销费用仅是吸引一个新消费者所需费用的 1/5;向现有客户销售的几率是 50%,而向一个新客户销售产品的几率仅有 15%;客户忠诚度下降 5%,企业利润下降 25%;如果将每年的客户关系保持率增加 5%,可能使利润增长 85%;企业 60%的新客户来自现有客户的推荐。上述权威人士对会员管理体系的注释表明,会员体系是基于现有消费者进行传播与营销的较好机制。

会员体系存在的意义就是持续保持用户的生命周期，提升用户量和活跃度。民宿营销的终极目标是拉新、留存、活跃、唤醒。会员体系是通过一套针对消费者消费模式与行为习惯的模式，刺激消费者的购买力，从而提升民宿品牌的传播与营销力度，在民宿的日常运营中同样需要会员体系为民宿的经营提供正向作用。

民宿会员管理数据	
会员信息管理	1. 有效信息库：收集用户有效信息 2. 运营规范：收集、清洗、应用和管理
会员属性管理	1. 身份标签：会员等级、会员标签、会员属性 2. 状态信息：新会员、持续会员、预流失会员 3. 背景信息：地区、职业、性格、偏好
数据模型运营	1. 识别模型：会员专属身份识别 2. 预警模型：会员流失预警机制 3. 个性模型：会员定制个性推送
会员行为管理	1. 消费行为管理数据 2. 体验行为管理数据

◎ 民宿会员管理数据

民宿在制定自己的会员管理数据时，首先，要分析自己的用户，定义消费群体的生命周期，通常情况下会员体系分为四级：纯新、待留存、黏度用户、沉睡。在民宿的会员管理体系中，需要关注哪些数据？通过观察大量优质民宿总结得出：会员的属性特征、行为轨迹、行为习惯尤为重要。其次，需要观察会员的活跃数据及会员对民宿的喜好等。

以前的会员通常是以卡券的形式体现，如今的"卡券"则演变成了多种形式。如果用户越早体验到民宿的会员体系，投入越多的精力参与进来，那么就越难以舍弃在民宿体验中所积累的会员价值。这是成功的会员管理体系的基本原则。通过数据就可以知道用户对哪些方面会更加关注，又对哪些方面心存不满。

 小结

可以根据数据进行较为客观的分析。搭建会员体系数据分析的根据：会员是最具忠诚度与兴趣度的人群属性载体，通过持续地对会员变化进行分析，能够了解民宿经营状况、存在的问题及潜在危机，方便及时调整经营策略及会员机制。

三、多场景空间设置，迎合更多类型

党的十九大指出要大力发展乡村振兴事业，并提出"绿水青山就是金山银山"的口号。显而易见，乡村建设在某种意义上已经步入了康庄大道，未来将是一片坦途。走在这条路上的人，其实大多原来并不是从事这个行业的，多数是行业外的，只是大家都在"跑步入场"。而民宿作为乡村建设的小细胞，也有着重大的意义，它首先是旅游和住宿的衍生，是乡村资源与城市需求的纽带，天然优势明显。

而当下供不应求的民宿市场恰好提供了这样的风口。当今社会的生活方式已经演变成以"用户体验、生活场景"为主导。消费者不再满足于传统的物质需求及产品体验，而是更倾向于社交电商与口碑传播的产品。民宿业态想要从众多行业的竞争中脱颖而出，就要考虑更高层次的内容。

小结

民宿本身没意义，生活场景空间才是消费者所在乎的。消费者是多样的，所以空间也应当是多样的。

1. 深究民宿产品本身迎合的是什么

建筑有自己的语言，一座城市，一个村落，建筑往往用它缄默而又深沉的语言向无数过往的人诉说着它的故事。老房子留住了比文字记载更直观的历史，这是建筑所能提供的无法比拟，也是无法替代的真实记录。山楂小院的创始人陈长春说过："每一个破败或者荒废的院落，曾经都是一家人的宫殿。"所以，在做民宿之初，要先想清楚民宿究竟是什么。难道它仅仅是一所房子，一个承载路人休憩和用餐的场所吗？或者，仅仅是一个建筑的空间吗？笔者认为以上都不是正确答案。

民宿应当是对美好生活向往的场景空间的载体。人们一直在追求人与自然的天然结合，大多数人向往自然之美，人们往往有着"虽不能至，心向往之"的崇敬心理。例如，北京的山楂小院，一年四季有着全然不同的景致，足以让人流连忘返，深陷其中。民宿的作用绝不仅仅是为了让人驻足停留，而应该是一种连接人与自然的载体，走出去，贴近自然，融入自然；走进来，回归自我，回归本性。这应该是民宿的第一产品属性，如果做不到这一点，或许就不能称为合格的民宿。

据调查，喜好民宿的人群大多是艺术从业者，他们喜欢民宿这种贴近自然的院落。民宿处处都能体现出艺术、优雅、品位等，这与艺术从业者的气质相吻合。他们喜好花艺、茶道、诗歌、对弈等，这类活动可以让人产生一种天人合一的感受。艺术从业者通过花、茶、诗、棋等介质，亲身体验来感悟自然。而民宿的又一特点是静，安静的氛围能够让人心神宁静，从而更好地体悟自然。

◎ 外水良驿境

城市人是疲惫的，因为城市生活节奏快，工作负荷高。而人的天性是洒脱的、不羁的，在城市标准和节奏的约束下，人总会有疲惫的身心，需要体验一种放松、自然、无拘无束的生活形态。这也就决定了民宿的用户体验感必须是轻松的、包容的、自然的，哪怕在民宿里什么都不做，就那么静静地待着。民宿是给人提供自然安逸的空间场所，能够让消费者以自然放松的姿态做回自己，释放压抑生活中的负能量。

在城市中生活的人，多数源自乡村。而随着城市的发展，原始乡村已经和人们渐行渐远了。人到中年最明显的标志，就是开始怀旧，怀念过去的一切。这也是多数中年人愿意为旧有物件买单的缘故。而民宿业态，对于孩子来讲，绝对是新鲜的存在。研究表明，孩子在接纳新鲜事物时，是最具有思考能力和感悟能力的，这是极佳的对孩子进行教育的机会。

民宿是深挖人的内心而得出的产品。从单纯意义上来讲，以经营住宿的空间来做民宿，未来一定不会有竞争力，甚至在现阶段的民宿业态洗牌过程中也难以存活。只有赋予民宿更多符合人性的含义，深度研究人内心所需要的、所依赖的状态，同时通过各种形式的场景空间展示出来，就能够吸引广大消费者的眼球和关注，从而让民宿业态发展得更好。

 小结

与其说民宿要迎合什么，不如说民宿要引导什么，这才是民宿存在的意义。

2. 消费者所真正需求的是生活场景空间

所谓的生活场景空间，即以人们在日常生活中的诸多场景为前提，基于用户场景的判断，明确知道用户接下来的意图，将行动前置的空间格局。这也是众多建筑设计师所强调的重要视角之一。近几年随着民宿的兴起，这种视角也被广泛地应用，旨在通过提供用户需要的生活场景空间，提高用户的好感度，并持续引起用户关注，从而形成良好的复购及重复消费的方式。

民宿是一个盒子，大多数的消费者仍旧是被内容所打动的，而对民宿来讲，生活场景空间就是这样的内容。真正吸引消费者的绝不是单纯的空间，而是在空间中赋予的各种场景和内容，这才是消费者来到民宿真正期待的。而衡量民宿场景化空间优劣的标准，就是消费者有没有完全地参与进来。以民宿为载体可以设计出多重场景空间，用以吸引不同类型、不同喜好的消费者，并根据消费类型持续优化。

受欢迎的场景空间是符合人性的，也是要挖掘人性的。小孩子天然具有探索精神，喜欢发现新鲜事物，对于小孩子的关键词是玩耍。探索和玩耍，并不矛盾。寓教于乐就是根据孩子玩耍的天性因材施教。同样大人也有他们的诉求：放松心情、缓解压力、亲近自然。所以充满娱乐性的场景空间是不错的设置。

当然，成年人除了放松愉悦之外，还免不了亲朋的联系及对生活的感悟。民宿同样需要为他们提供相对应的场景空间。简单地布置足够宽裕的私密空间即可，基本满足成年人的社交需求。

小结

民宿的意义在于提供多样的场景，让体验的人任意发挥，而不被打扰。

3. 如何利用好民宿的载体更好地吸引客户

民宿场景体验类型	
类型	举例
手工体验	陶艺、花艺、茶艺、酒坊、基地
观光体验	景区、山川、风景、自然
文青小资	文化创意、小资情调
户外体验	自驾、旅游、露营
文化体验	民俗文化、古镇文化

◎ 民宿场景体验类型

从民宿本身来讲，体验是民宿业态的核心。从消费市场的迭代来讲，体验消费占据主导地位。所以民宿经营要做到体验先行。除了硬件设施外，软性的服务经营方式对提高消费者的入住体验，做好民宿品牌，平衡民宿市场分配等，都有重要的作用和影响。围绕体验这一核心，无论是带动用户参与进来，还是把产品和服务做好，都是提高消费者体验的好办法。除了体验以外，民宿吸引客户的原因还有以下四点。

1）独特的主人公文化

在民宿的定义中首先是"民"，所以要突出强调主人公文化。众多优秀的民宿品牌均有其独特的主人公文化。可以说主人公文化是民宿的灵魂。主人公的属性和气质能够吸引与之同类的人前来消费、体验。所以民宿主应该先是自己的消费者，对自己的民宿满意，这样才能让真正前来消费的人有同样的感受，这一点很重要。

2）极致的温度感营造

多数人讲到民宿时一定会提及"温度感"一词。民宿和酒店相比，在服务标准和服务体系方面，民宿是不占优势的，甚至远远不如。但为什么消费者仍旧选择民宿，而不是星级酒店呢？这是因为民宿具有温度感，消费者从到店开始，就时时刻刻都在感受着民宿所传达和体现出来的温度感。一杯热茶、一句问候、真诚的笑脸，都能够让消费者觉得不虚此行。

3）到位的精益化细节

民宿在细节上的用心程度，绝不是酒店所能相比的。民宿的细节体现与众不同。不同于酒店的标准化布置和服务，民宿将硬件和软装做得更具有文化艺术气息，每一个细节都能够体现出主人的用心程度和家的温暖。民宿设计中，无论是室内家居、景观盆栽、品牌符号、装饰艺术等，都力求在细节上取胜，并用细节打动消费者。小到一个枕头、一张床垫，大到整体的格局，既要满足消费者基本的体验，又要体现出民宿的主题特色，体现出应有的品牌符号和文化内涵。

4）有效的参与感互动

民宿的品牌形象传播仅依靠自身传播是有限的，必须带动消费者参与，从而诱发消费者自主传播。当今是以一个以口碑营销为主导的时代，消费者的传播效果比民宿投放的广告效果要好得多。一定形式的活动和有趣的内容就能够调动消费者喜传播、易分享的特性。

4. 用跨界思维的方式经营民宿

当今的社会越来越偏向于复合化。复合型人才才能够在残酷的竞争中脱颖而出，并占有一席之地。近两年互联网业流行一句话：用跨界思维做好自己的事情。这也是在强调一种复合型的发展及生存模式。未来行业之间的竞争不再局限于同行业，比如，很多其他行业的人转向了乡村建设领域。

如今时常可以看到餐饮品牌跨界到汽车行业中做广告，设计界人才开始关注更多民宿方面的事情，未来的世界格局会越来越向复合型模式发展。民宿人也需要用跨界思维来武装大脑，让民宿品牌具有复合型的竞争力。以下提供几点建议作为参考，希望民宿从业者能够领悟并推出更多新的模式经营好民宿。

◎ 外水良驿境

1）用新的品牌传播模式来改变固有的传播方式

当下的民宿品牌所采用的推广传播方式大多是自媒体或者OTA这两种偏于传统的方式，但未来会有越来越多的民宿品牌，因此必须考虑到民宿发展的可持续性。目前已有民宿品牌开始与教育、餐饮、媒体等平台对接，以民宿为载体，引进学校的体验教育，引进餐饮大咖互相交流，提供民宿空间进行婚纱摄影以及签字售书等。此类方法的目的是为了做到墙里开花墙外香。保持本行业的竞争优势，同时跨界到其他行业做品牌传播。

2）用新的消费群体来改变固有的消费格局

民宿的消费群体大多是具有艺术气质的人群，以及对生活有高标准的都市人群。而对于竞争越来越激烈的市场环境，没有一家民宿能够保证客户不会被分流。所以民宿业态要扩大自己的曝光率，吸收更多准民宿业态的消费者进来。而作为乡村建设的一个细胞，民宿业态完全可以敞开怀抱，欢迎文化创意等业态的消费者来体验民宿。

3）用新的创意内容来丰富固有的场景空间

除了生活化的活动空间，民宿还可以采用复合式经营的模式，比如引进书店、画廊、花店、餐厅、商场等，开辟出一块地方将异质业态嫁接进来，从而丰富自己的产品线，提升自身竞争力。这样也能够与其他产业联动，提高民宿的品牌影响力。

4）用新的居住方式来改变既有的传统方式

民宿的原型是家庭生活居住的空间，而对于经营性的民宿，空间已经隐去了私密的属性，采取更加开放的格局和更加丰富的内容。比如传统的居住空间较为"内向"，人与人之间在公共空间的交流多为偶发事件，而在民宿业态中，则倡导人们在公共空间中活动，并鼓励人与人之间进行交流沟通。民宿业态也会在景观设计方面进行更多思考和设计，以达到让人驻足停留并走进去欣赏的目的。

5）用新的消费文化改变旧有的消费模式

社会发展的标志就是消费方式的改变。过去，人们为需求而消费；现在，人们为体验而消费。从需求到体验的过渡是消费文化的升级和发展。需求型消费更多体现在物质层面。对物质的大量需求恰恰说明消费模式还停留在一个较低的层次：人们大多为生计而消费。体验型消费表明了多数人开始重视精神层面的满足，而对精神的需求则一定是建立在物质满足的基础之上的。经济基础决定上层建筑，说的就是这个道理。从物质到精神，这是现在生活方式的迭代，如果谁能在此时提出更高层次的消费模式，谁就能掌握消费模式的话语权。

◎ 橄榄湖民宿

> 民宿本身是个载体，如何利用载体讲一个好故事，这是经营者要思考的重点。好的故事会吸引人，会传播，也会产生持续的价值。而感受故事更好的方式是让客人扮演里面的角色，来感悟故事的内涵和精彩。

四、解决消费者的诉求,获得更多可能

1. 想办法拖住消费者的时间,让其上瘾

"拖住"和"上瘾"的另一种表达是持续性的好内容。这里的"持续性"不仅仅指的是让消费者从早到晚都有事情可做,另一方面是要让消费者产生意犹未尽,不过瘾,不尽兴,还有遗憾的感觉。持续性的好内容做到位了,消费者就会一而再,再而三地光顾。所以,要设计有"遗憾"的民宿产品。

民宿主及运营者要时刻坚持一个原则,就是"忘掉民宿,把它作为一个场景"。因为民宿终究是产品,而产品的购买过程永远是短暂的,它不会持续,无法让消费者持续地在这上面花费时间。但是生活化的场景空间正是消费者所需要的,有好内容的场景空间能够让消费者爱上它,并且自发地为其传播。民宿主需要做的就是把自己当作导演和编剧,为消费者设计剧本,让消费者自己来进行角色扮演,最后让他们爱上这种感觉,并且持续地扮演这类角色。

当下的消费者更重视精神需求和自我实现的结合。他们喜欢在不同的场景中扮演不同的角色,体会不同的感受。一个企业大佬绝对想不到他在民宿中可以扮演逗孩子开心的"傻爸爸",也绝对想不到自己还可以以"新学员"的姿态参加一场生动活泼的户外活动。而民宿恰恰能够提供这样的场景,让南来北往入住的人们相互认识,相互交流,在收获多元化感受的同时,既满足了交流的需求,又了解到了所没有经历过的人生。

是否能够提供让消费者意犹未尽的场景空间,是否能够设计让消费者入戏的剧本,这考量的不仅有民宿主营造的场景空间能力,还有洞悉人性的能力。

◎ 橄榄湖民宿

2. 提供好的服务，优化消费者的时间

现在是碎片化信息时代，每个人获取的信息都是碎片化的，与此同时，每个人的时间也大多是碎片化的。所以多数人不知不觉地就耗费了大量的时间。这里提到的"优化消费者的时间"，即优化消费者碎片化的时间，从而让他们更好地享受整段时间。

◎ 橄榄湖民宿

众所周知，服务的核心是"利他"，是使他人受益，从而让自己获益的一种行为，由此得知，服务更深层次的含义是关怀和照顾。现在社会强调互联网思维，互联网思维的核心就是用户思维，即围绕用户推出自己的产品和服务。在日常的民宿经营中，需要时刻站在消费者的角度去思考：消费者吃、喝、玩、住、购的过程是怎样发生的；在这个过程中，哪些细节可以更人性化，更能体现温度感；哪些过程是不必要的，是可以省去的；哪些过程可以用人性化的方式来引导；哪些社交场景是消费者极度需要而市面上没有的……

以上几个问题就是"用户思维"的一个范例，消费者需要什么，民宿主就提供什么，甚至在消费者还没有说出来的时候，民宿主就已经想到了。"关怀"和"照顾"可以让人们想到自己的母亲，因为这两个词恰恰是母爱所具备的。民宿用"母爱服务"让消费者感到持续的关怀和照顾，从而帮他们节省更多的时间和精力去做喜欢的事情。

◎ 橄榄湖民宿

3. 抓住稀缺的共同认知，营造同理氛围

随着互联网的兴起，人们突破了信息获取的屏障和边界。在互联网时代到来之前，人们获取信息的渠道和数量是很有限的，无论是报纸、电视，还是广播、杂志，都具有共同的信息和言论，所以那时的认知大致是相同的。而在互联网时代，信息量爆炸，每个人都可以在海量的信息中获取自己想要的部分。因为每个人接收的信息不同，所以人们的认知差异越来越大。

现在这个时代，共同的认知越来越稀缺。有共同认知就相当于有共同的审美、需求和意见领袖，因此有共同认知的群体内部黏性极高，对认同产品的复购率也极高。有共同认知的人可称为"社群"。社群经济、共享经济和稀缺的共同认知密不可分。

◎ 橄榄湖民宿

在民宿运营中，如何抓住稀缺的共同认知？这本身没有标准答案，因为每个民宿主的个性、经历都不相同，所以每个民宿都有自身的独特属性。但不管民宿是怎样的属性，都能够吸引同频的人前来入住体验，这类人便是有共同认知的人群。城市空间虽然交通便利，但是个性化的供应成本和场地成本都十分高昂，因此很难营造一种相对隔离的空间场景，而民宿恰好可以通过"共同认知的场景活动"持续地调动人群的关注点。

乡村民宿具有成本小、空间大、留白多、户外广的特点，能够满足很多有共同认知的人群的社交和互动需求。抓住有共同认知的稀缺资源，把此类人群的需求琢磨透，就能够解决民宿经营中淡季营销的问题，从而开辟一种新的产品模式。这也就给民宿运营提出了新的思考和考验——如何针对精准消费人群推出精准产品。曾经的粗犷模式已经不再适用于现在的市场模式，谁能够吸引人群、留住人群，谁就能活下去。

小结

> 消费者亟须解决的事情是时间处理。民宿主应思考如何给消费者提供合理的时间安排，并抓住稀缺的共同认知，挖掘同频的消费人群。

4. 拥抱年轻人，就是拥抱未来

《双城记》开篇提到：这是最好的年代，也是最坏的年代。对于依靠旧有经验奋斗的人来说，这可能是最坏的年代，因为这些人已无法适应这个飞速发展的时代。而对于适应创新内容和场景的人来说，这恰恰是最好的时代。这是个能够颠覆以往，开拓创新的年代。旧有的思想和模式，随着"70后"的老去逐渐退场，而有着创新思维和分享精神的"80后"，甚至"90后"已经居于主流人群。

对于民宿来说，无疑"70后"和"85前"的人群是主流消费群体，他们具有强大的购买力和消费能力。当今"85后"或"90后"虽然消费能力相对弱一些，但却是能够引领潮流的一代人，他们是潮流的代表。对于新鲜事物，他们更愿意分享与传播，同时也最具批判精神。所以想要经营好一家民宿，绝不能仅用现在的眼光看事物，而应当将眼光投向未来5年、10年，甚至更长远。

物竞天择，适者生存。这是进化论的论点，但在这里还有一层意思，就是新一代必须优于上一代，才能不断地延续。从客观事实上人们也必须接受和面对它，因为这是自然规律。与其误判未来的市场需求，不如把经营权交给年轻人，让他们去判断和满足同类的人群。社会发展是不断更新的，想要长久地发展，就必须依靠更年轻的群体。

小结

> 如今是最好的时代，互联网带来了信息爆炸，分享经济促进了资源共享。每个人接收的信息和接受的事物都是按亿计数的，也都是碎片化的。如何在这样的时代提供可让消费者消耗时间和精力并保留稀缺的共同认知的空间呢？解决了这个问题就顺应了这个时代。